suhrkamp taschenbuch 3683

Gerald Zschorsch, geboren 1951 in Elsterberg im Voigtland, hat einen weiten Weg hinter sich. Von Plauen (Voigtland) wanderte der jugendliche Dissident in Gefängnisse der DDR. Er wurde in die Bundesrepublik abgeschoben; studierte in Gießen, zog später nach Frankfurt am Main. Auf die heftigen Protestlieder, Gedichte und Gefängnisnotate, die zuerst 1977 unter dem Titel *Glaubt bloß nicht daß ich traurig bin* in Berlin erschienen, folgten die Bände *Der Duft der anderen Haut*, *Klappmesser*, *Stadthunde*, *Sturmtruppen*, *Gambit*, *Spitznasen*, *Eiserner Felix* mit ihren knapperen sarkastischen und erotischen, rätsel-, spruch- und dann doch wieder liedhaften Gedichten.

Gerald Zschorschs Werk ist einzelgängerisch. Nachbarschaft besteht vielleicht am ehesten zu Gedichten von Thomas Brasch. Zschorsch bleibt Dichter, auch wenn er, selten, Prosa schreibt. Der Zeichner (s. Umschlag) ist noch zu entdecken. *Torhäuser des Glücks* enthält sämtliche in Buchform veröffentlichten Gedichte – und im zehnten und letzten Kapitel, »Eizahn«, fünfzig neue unveröffentlichte, nach Osten gewandt.

»Rot, die Königsfarbe wie die der Königsmörder – sie ist Zschorsch, dem malenden Dichter, die liebste ... Fast könnte man versucht sein, Zschorschs Leben am Leitfaden jener Gedichte zu erzählen, in denen die rote Farbe in immer anderen Bedeutungen auftaucht: das Rot der elterlichen Ideale, das Rot der Fahnenmeere am 1. Mai, das Rot der Machthaber, die ihn in ihre Zuchthäuser sperrten, das Rot der Linkskommunisten in der Bundesrepublik, denen Zschorsch sich nach seiner Abschiebung aus der DDR zunächst verbunden fühlte, das Rot Rudi Dutschkes also, mit dem er befreundet war und der zu einem Gedichtband von Zschorsch ein Vorwort schrieb. Zuletzt spricht Rot selber ... Wenn die Farben und das Land zusammentreffen, entstehen Fahnen: ›Ich habe noch so viel zu sagen // nur ein Wort reicht nicht / aus / für die Zeilen einer einzigen Sekunde. / Nicht für das Gold / zwischen schwarz und rot.‹«

Lorenz Jäger

Gerald Zschorsch
Torhäuser des Glücks

Die Gedichte

Mit einem Nachwort von
Lorenz Jäger

Suhrkamp

Umschlagabbildung: Gerald Zschorsch, aus:
Gerald Zschorsch, *Gambit*, Klett-Cotta 1988
Die Gedichte des zehnten Kapitels (»Eizahn«) werden hier zum ersten Mal veröffentlicht.
Das Nachwort wurde für die vorliegende Ausgabe geschrieben.

suhrkamp taschenbuch 3683
Erste Auflage 2004

Satz: Hümmer GmbH, Waldbüttelbrunn
Druck: Nomos Verlagsgesellschaft, Baden-Baden
Printed in Germany
Umschlag: Göllner, Michels, Zegarzewski
ISBN 3-518-45683-0

1 2 3 4 5 6 – 09 08 07 06 05 04

I Glaubt bloß nicht daß ich traurig bin
II Der Duft der anderen Haut
III Klappmesser
IV Stadthunde
V Sturmtruppen
VI Gambit
VII Spitznasen
VIII Maul-Hure
IX Eiserner Felix
X Eizahn

Für Deutschland, mein Herz

I

Glaubt bloß nicht daß ich traurig bin

dann fallen ins geteilte Land
die Friedenstauben ein.
wir krümeln schon das Brot für sie
sie solln nicht hungrig sein.

Expression

Kenn ein Land, wo die Blumen aus Glas,
wo die Bäume versteinert sind.
Wo nur dornig wächst das Gras,
wo feurig bläst der Wind.

Kenn ein Land, wo regiert nur die Nacht,
wo der Funke glimmt und erlischt.
Wo man niemals wieder mehr lacht,
wo man Masken trägt, statt ein Gesicht.

Kenn ein Land, wo man Sterne verehrt,
wo man Menschen zu Göttern macht.
Wo man fördert das was verkehrt,
wo man hinter Mauern erwacht.

Kenn ein Land, wo man scharf ist auf Blut,
wo man Kinder zu Greisen macht.
Wo man schlecht ist, und man sagt gut,
wo man's weinen hört fast jede Nacht.

Kenn ein Land, wo die Liebe zum Tod,
wo das nicht sein erstrebenswert ist.
Wo die Menschen in geistiger Not,
wo man eines Tages zerbricht.

Kenn den Tag, wo ein jeder bezahlt,
wo entschieden wird, wer, wie und wann.
Wo man letztmalig hört einen Schrei,
wo man sich wieder anschauen kann.

Sich selber fremd

Straßenzüge, leer und ohne Namen
inmitten einer grauen, kalten Welt.
In ihnen suchen Menschen Platz für die Liebe
Glut im Herzen, die Taschen ohne Geld.

Geboren in dunklen, kalten Katen
berufen zur guten, starken Tat.
Irren sie ziellos durch die Straßen
der Zukunft lang gehegte Saat.

Und schlafen dann in kalten Betten
der Liebe fern und aus sich selber fremd.
Wärmt dann in diesen harten Zeiten
meist nur das eig'ne Hemd.

Jugend

sie hasten und rennen
sie blicken scheu um sich
und beginnen ein Werk
von dem sie nicht wissen was es ist –
glaubt man.
sie irren ziellos durch die Stadt
und einer flüstert dem anderen ins Ohr
»Mensch, ich hab es satt!«
sie tragen auf den Lippen einen lauten Schrei
und schlucken ihn hinunter, so oft es auch sei
aber trotzdem –
er lebt.

Hundemüde

Wir haben nun das Jahr 1972
welch ein hoffnungsvolles Jahr.
Die Wunden in eurer Brust sind aber
nicht vernarbt –
wehe dem auch!
Sollen sie in einer Nacht zuwachsen?
wo man sie euch doch in
Jahren beigebracht hat.
Diese so schön blutenden Wunden –
die man ja noch benötigt um
Plakate und Wände damit zu beschmieren.
Ehrlich, Freunde –
Seid ihr denn nicht müde von
all dem Rummel und Geschrei?
Doch legt ihr euch schlafen –
dann nicht in Betten und ins Stroh.
Legt euch auf die Stufen der Nation, des Staates –
damit man auf euch tritt
will man die Bluthunde füttern!

Leere Hände

Hineingestampft liegen wir –
in den Straßen unserer Jugend
in den Betten unserer Sehnsucht
in den Fenstern unserer Träume.

Und wissen –
daß ein Lächeln
auf den Lippen stirbt
noch ehe wir es gelacht haben.
Und suchen
einander
nichts wissend über uns
aber
eines gemeinsam –
die Liebe.

die birke

ach birke du stehst da am weg
oh birke du stehst da am steg
es duftet dein starkes holz lieblich und zart
doch weißt du was dich noch erwartet
sag –
aus deinem stamme werden später zur nacht
in der sargtischlerei bretter gemacht
sie werden gefräst gehobelt poliert
das liegen im sarge gleich ausprobiert
gestrichen wie das abbild der nacht
sag hast du das von den menschen gedacht –
und in das gehäuse aus deinem so duftenden holz
lege ich mein haupt
es liegt ruhig und stolz
liegt ganz weich auf sägmehl und leichentuch
mein maul ist ganz still
auf den lippen kein fluch –
kein fluch der das ohr einer birke erreicht
liege ich ruhig da
als lebendige leich

vier zeilen zur nationalen frage

es brennt der heiße bruderkuß, der udssr,
auf unserer wange glühend rot, der atem fällt uns schwer
es ist der kuß, der uns vereint, in üppigkeit und not,
der eine steigt, der andre fällt, es lebe russischbrot!

der erste tag im mai

auf den plätzen, auf den straßen
menschen hasten, kühe grasen
und man schreit ganz laut hurra,
vor vierzig jahren war das schon mal da!

ach genosse da im zuge,
alles lüge und betrug,
für wen schreist du heut hurra?
alles war schon einmal da!

mit den fahnen, diesen roten,
klopfen sie, es stehen auf die toten
und wundern sich, so laut hurra?
alles war schon einmal da!

damals habt ihr auch gebrüllt,
habt straßen, häuser ausgefüllt,
standet stramm in einer reih,
dann war alles schnell vorbei.

auch die kühe schrien hurra,
alles war schon einmal da!

notiz in einer berliner tageszeitung! (ddr)

beginn des prozesses gegen frau k., 31 jahre alt, wohnhaft in berlin (ost).
frau k. wird beschuldigt, sich in der weihnachtszeit als christkind ausgegeben zu haben und damit eine erhebliche gefährdung der staatsgrenze der ddr begünstigt und heraufbeschworen zu haben. ferner ist zusätzlich eine ermittlung wegen gaukelei in die juristischen bahnen geleitet worden, da es ja überhaupt keine christkinder gibt und diese lediglich in der vorstellung der bürgerlichen welt vorhanden sind.

(der prozeß findet unter ausschluß der öffentlichkeit statt. zugelassen sind lediglich partei und gewerkschaft, sowie der ssd.)

hochachtungsvoll

Die Hundeblume

Für Steffen Eckardt

du, mein freund, laß uns nicht schweigen,
uns nicht neigen vor dem wind
du, mein freund, laß es uns zeigen,
daß sie wissen, wer wir sind

du, mein freund, fang an zu sprechen,
deine worte wiegen schwer,
du, mein freund, wenn sie dann brechen
hör nicht auf, sag noch viel mehr

du, mein freund, sie werden weichen
hundeblumen welken nie
du, mein freund und deinesgleichen
schreit ganz laut, dann wissen sie

Ballade vom Abschied

wer hat uns denn geboren
war es der mutter schoß
hinter all den großen toren
wo wir so viel verloren
war es die kindheit bloß

wer hat uns denn erzogen
uns noch so viel gelehrt
wer hat uns denn belogen
uns tausendfach betrogen
daß das nie wiederkehrt

wer hat uns denn verraten
war es nicht dieser staat
mit all seinen soldaten
den ersten mai plakaten
zertrat er uns're saat

wer hat uns denn verboten
daß es auch anders geht
wer hat den strich gezogen
von unten schräg nach oben
und sich dann umgedreht

doch werden wir nie schweigen
zu viel steht auf dem spiel
wir werden uns nicht neigen
nie uns're rücken zeigen
denn es wiegt viel zu viel

wir werden immer wissen
mein freund
auch sind wir nicht mehr da

daß viele uns vermissen
wenn wir die segel hissen
weil es das letzte war

friede doch den hütten / krieg den palästen

gehst du einmal spazieren
durch die zerrissene stadt,
siehst überall die ränder,
sie sind nicht grad und glatt.
und stehst dann vor der mauer,
aus diesem grauen stein,
dann fallen dir vielleicht,
die mauerbauer ein.

ihr habt es ja ganz gut gemacht,
ein strich, da ost und west.
geteilt die ganze menschlichkeit,
weil sie sich teilen läßt.
ihr habt es ja ganz gut gemacht
mit eurer politik,
wer aufstand, sich nicht teilen ließ,
den habt ihr umgeknickt.

und dort im stacheldraht,
hängt heut noch eine hand.
und unten an der spree,
ist blutig noch der sand.

und als herr springer dann,
erbaut im sechziger jahr,
aus stahl und glas sein hochhaus.
da rief man hochhauszar.
wer solche häuser baut,
paläste daraus macht,
der beutet andre aus,
hat man euch beigebracht.

und doch, friede doch den hütten /
krieg den palästen
zerrissen ist die stadt,
in osten und in westen.

nur kurze zeit danach,
da unten an der spree,
da wuchs aus stahl und glas,
das gleiche in die höh.
erbaut nicht von herrn springer,
erbaut nicht von herrn flick,
erbaute sich die sippschaft
den palast der republik.

erst haben sie die stadt zerfetzt,
egal ob ost und west,
dann haben sie euch vorgespannt
weil ihr so schnell vergeßt,
dann haben sie euch weisgemacht,
da drüben steht der feind,
dann habt ihr den palast gebaut,
in diesen riß hinein.

refrain / friede doch

Die deutsche Reaktion

Die Reaktion am Ruder, in Ost und auch in West
sucht einen, den sie prügelt, der für sie die Federn läßt.
Dort heißt er Wolfe Biermann
ein guter Kommunist
der weiß, daß man nichts ändert
wenn man verschwiegen ist.

Der aufreißt weit sein Maul
und viel dabei riskiert
der weiß, daß, wer gewinnt
auch manchmal was verliert.

Der weiß, daß früh am Morgen
der Milchmann kommen kann
die Herren von der Sicherheit
die klopfen niemals an.

Da ist auch noch der Have, der Robert Havemann
der weiß, was das KZ aus einem machen kann
der weiß, daß Stalinismus 'ne üble Sache ist
den Fehler auch vom Flori weiß er, und ihn doch nicht
vergißt.

Die Reaktion am Ruder, in Ost und auch in West
sucht einen, den sie prügelt, der für sie Federn läßt.
Hier heißt er manchmal Dutschke,
Heinz Brandt und Franz Villon
die laufen auf der Mauer
dem Stacheldraht davon.

Und lassen sich nicht fangen
vom Mies und Mieserein
von Degenhardt und Festival
von Bockwurst, Bier und Wein –

Von »UZ« und der Diktatur
des Proletariats
da haben sie die Schnauze voll
weil's das schon früher gab.

In ihrem und in meinem Land
der deutschen DDR
da gibt es Würste, Bier und Wein
und Knaste immer mehr.

Wir wollen keine Peitsche
und auch kein Zuckerbrot
kein Cottbus und kein Brandenburg
denn Deutschland wird doch rot!

Der eine schweigt, der and're schreit
egal ob Ost und West
es ist der deutsche Michel
daß ihr ihn nie vergeßt.

Der deutsche Frühling

Vor 23 Jahren, im roten Ost-Berlin
da sah man Bauarbeiter die Straßen runter ziehn
sie trugen Transparente, die Norm war gar zu toll
hat man auf sie geschossen, da war das Maß gleich voll

Der Ulbricht hat gezittert, der Hager noch dazu
dann kamen russ'sche Panzer und schafften Todesruh
die Arbeiter wollten Wahlen, gemeinsam, Ost und West
da hat man sie verprügelt, daß ihr das nie vergeßt

Drei Jahre ging'n ins Land, die Donau war blutrot
schoß man in Budapest schon wieder Arbeiter tot
Nikita war sein Name, ein übler Kommunist
der ganz vergessen hatte, daß Ungarn Ungarn ist

Kein Wunder, daß man weinte, bei diesem Größenwahn
was hat Nikita auch den Ungarn angetan
daß er auf fremdem Boden das Schlachten nie sein läßt
doch Stalin fiel vom Sockel, daß ihr das nie vergeßt

Zwölf Jahre später dann, im guten alten Prag
da standen schon wieder Mütter vor ihrer Kinder Sarg
Nowotny mußte gehen, der Stalin auch gleich mit
da wurde rot das Prag, war das der erste Schritt?

Daß endlich Kommunisten, mit Arbeitern vereint
den Sozialismus bauen, da griff der Breschnew ein
als Konterrevoluzzer und Hahn in Stalins Nest
ließ er die Panzer rollen, daß ihr das nie vergeßt

Jetzt kam 'ne kurze Zeit, zwei Jahre, etwas mehr
da krachte es in Danzig, das fiel den Polen schwer
ein zweites 56, der Schlosser und der Schmied
die gingen auf die Straße, weil sonst nichts übrig blieb

Von ihrer harten Arbeit, der Brotkorb hing zu hoch
Gomulka hat geschossen, daß sich das Pflaster bog
da lagen sie in Danzig, die Kugel war ihr Rest
der Lohn für ihre Arbeit, daß ihr das nie vergeßt

Es war auch nicht das letzte, das letzte große Mal
von Panzern und von Fäusten, von Kugel und von Stahl
der Sozialismus siegt, trotz Stalin und der Pest
bald kommt ein Deutscher Frühling, daß ihr das nie vergeßt

Grenzübertritt

Ich ging im deutschen Winter
von Osten hier nach West
auf meinen Wangen froren
die Eiskristalle fest

Das kommt, weil meine Trauer
gehört der Republik
die jenseits dieser Mauer
mich ließ nicht mehr zurück

Es ist das ewig Gleiche
in diesem deutschen Land
die einen werden verschwiegen
die andern werden verbannt

In Greiz, da sitzt der Kunze
doch noch ein freier Mann
doch wo sitzt Fuchs und Pannach?
und wo der Havemann?

Wo sitzen wir, die ander'n
der Biermann und der Faust
auch hinter einer Mauer
und sind doch nicht zu Haus

Und warten nah der Grenze
mit Lied und mit Gedicht
daß durch die vielen Strophen
die Mauer einmal bricht

Daß dies zerfetzte Deutschland
sich endlich wieder eint
doch dann nicht mit der Reaktion –
mit ...

Frage

Du sagst daß –
dieses Land
ein Land ist.
Aber warum mußten wir denn dann
aus dem anderen gehen?

Kleine Erinnerung

Die, die wir wissen
was es heißt –
eine Tür schlägt zu –
sollten doch versuchen
es gar nicht soweit
kommen zu lassen
daß man sie aufschließt

Eulenspiegel

Ich bin der leise, der nichtschreiende
Eulenspiegel.
Der Narr mit dem verweinten Gesicht –
dessen Augen klirren wie Schellen
wenn der Kopf sich dreht.
Ich bin der schwarze, nichtbuntige
Eulenspiegel.
Der Schelm aus der Gosse –
mit den Farben der Nacht
und der Zunge aus Blei.
Ich bin der traurige, nichtlachende
Eulenspiegel.
Das Spiegelbild, aus zerkratztem Glas –
mit wirren Linien
mein eigenes Ich.
Ich bin der duldende, der Wolfskehlsche
Eulenspiegel.
Der Emigrant, der Schuldige –
der in diesem Land
ein anderes Land suchen muß.

Dieses Land

Er sagte zu mir – Emigrant –
Ich sagte zu ihm – Bürger –
Er sagte zu mir, auf unsere Kosten und überhaupt .....
Ich sagte zu ihm, das kannst du mir doch nicht erzählen
das kannst du mir doch nicht vorwerfen
das kannst du mir doch nicht anlasten
du, das geht doch nicht.
Er sagte zu mir – Emigrant –
Ich sagte, eines Tages vielleicht auch du, dann .....
Er sagte zu mir – Emigrant –
ich lebe hier in meinem Land
und so wird es auch bleiben.

Mauerinschriften

Mauerinschriften, die ihr
Zeugnis einer toten Zeit
festhaltet
die Ohnmacht, die Wut
das Leid derer,
die an dem Grau verzagten.
Schuldige, vertriebene Getriebene
Auswurf einer ganzen Nation
ihr Wanderer
zwischen gestern und dem
Nichtankommen.
Wartet doch an den Grenzen –
auf den Tag der Rückkehr.

Exil 2

Als damals alle gingen
bemerkten es nur wenige.
Am meisten die, die schon
weg waren.
Es kehrten auch nicht
alle zurück.
Später dann.
Danach.

Als jetzt fast alle gingen
bemerkten es auch nur wenige.
Am meisten die, die noch
blieben.
Es kehren aber alle
zurück.
Später dann.
Danach.

Traumreise

Mir träumte ich ginge durch Deutschland
über Hof
durch Plauen
nach Greiz.
Hinter einer Tasse Jasmintee
lugten zwei Augen –
Er war wieder da.
Ich zog nach Norden
in das preußische Berlin.
In seinen Fenstern hingen Lampions
und durch die Tür klang das Lachen
dreier Frauen.
Er war wieder da.
Nun endlich –
wir waren alle wieder
in einem Land.

Was wird bloß aus uns werden

aus diesen vielen kleinen Biermanns und Kunzes
aus diesen Kirschs und Krugs?
Was wird bloß aus uns werden
aus dir und mir, aus uns?
Wohin sollen wir unsere Füße setzen
bei diesem Boden aus Morast?
Wofür sollen wir uns halten
wenn uns selbst der Halt fehlt?
Was wird bloß aus uns werden
wir Kinder einer verlorenen Zeit?
Was wird bloß aus uns werden
durch unser Herz die Mauer geht?
Wovon sollen wir denn sprechen
wenn eine vorgehaltene Hand unsere Worte siebt?
Was wird bloß aus uns werden
wenn dich jeder fragt, Mensch was willst du hier?

Dies Deutschland ist ein Land

Dies Deutschland ist ein
Land von Stacheldraht.
An Grenzen, an Häusern,
im Wald, auf Wiesen,
auf Feldern, auf Koppeln,
in Gärten, auf Zäunen,
in Städten, in Menschen.
Überall.
Dies Deutschland ist ein
Land von Stacheldraht.
In Betten, in Seelen,
auf Lippen, durch Augen,
in Mündern, durch das Hirn.
Dies Deutschland ist ein
Land von Stacheldraht.
überall
überall

Warten auf den Frieden

Es ist eine Stille in dieser Zeit –
ein Schweigen in diesem Land.
Der eine sagt Ja und schweigt –
der andere sagt Nein und verdammt.
Es ist alles so mutlos –
die Bäume tragen Trauer.
Die Lippen sind versteinert –
wie in Berlin die Mauer.
Es ist alles, wie soll ich sagen,
so angstvoll und so leer.
Ich maure meine Fenster zu –
dann sieht mich keiner mehr.
An die Tür kommt ein Siegel, wie es Polizisten lieben –
ich siegele mich ein, und warte auf den Frieden.

Hinter der Erinnerung

In Prag bist du geboren
ich weiß, das Wasser der Moldau schmeckte
dir noch nie.
Und jetzt bist du hier
in meinem Land – Land
und lechzt
nach einer Flasche böhmischen Biers.
Warum kamst du
du gegangener?
Ich weiß
wer lebt schon da, wo er gebraucht wird
wer kehrt freiwillig
in den Schoß der Geburt zurück
wenn die Zeugung
ein Versehen war.

Beim Überschreiten
von Grenzen
wird uns so eigenartig.
Wir wissen nie
wer uns wo erwartet.
Und Gastfreundschaft
kann verschieden sein.
Am schlimmsten ist die,
die erzwungen wird –
wo Wasser die Wände hinabläuft,
als salzige Pfütze
sich am Boden sammelt.

II

Der Duft der anderen Haut

Paris. »Jede Nacht benutzen in Paris Hunderte
von Männern und Frauen die Anonymität
von nichtvergebenen Telefonnummern,
die noch aus der Zeit der deutschen Besatzung
stammen, um miteinander zu reden,
sich zu lieben ... Diese Leute, die nächtlich
im Abgrund schreien, treffen alle
Verabredungen. Verabredungen, die nie
eingehalten werden. Es genügt, daß sie
getroffen sind. Niemand geht hin.
Es ist der Anruf aus dem Abgrund,
der Schrei, der den Liebesgenuß auslöst.«

Das Versprechen

Nach dem Versprechen
nie wieder Verbrechen zu begehen
trieben sie uns in die Gefängnisse
und/oder aber
außer Landes.

Reise nach Zürich

Ich komme in eine Stadt
und wollte doch in die andere
die aber
bleibt verschlossen
durch Schranken
auf welche man nicht
die Hände legt
der Strom der da ist
tötet
tödlich.
Und wir sprechen
über die Stadt
die eingeschlossen von
drei kleinen Ländern
in einem Land
drei Bahnhöfe hat –
jeder in eine andere Richtung.
Zurück aber nehmen wir die Straßenbahn
und steigen um am Platz der Republik
in eine andere Linie.
Die aber hält auch nicht
vor der Tür
wo am Fenster
Eine ist
die fragt:
Wo kommst du jetzt her?

Hinterlanderinnerung

Kunert, Dichter
mit den Haaren im Gesicht
dich mag ich
zweimal
weil einmal zu wenig ist.

Manchmal trag ich schwer
in meinen Taschen
und krame aus winkeligen Fächern
Notizen in Kreide
hervor.

Endler

Der wird es schwer haben
hier
sagte mir einer
der es leicht hatte.

Auf dem Klavier

Für Tilo M.

Wer, manchmal, kann nicht auch
Glas zersingen.
Nicht auch, mit geplatzten Lippen,
schreien.
Zehnfingrig diesen Klumpen kneten,
der uns im Halse
steckt.

Der Gaswagen

Simon Wiesenthal, der Nazijäger, hat sich
für die Freilassung von Rudolf Heß aus dem Alliierten
Gefängnis in Berlin Spandau ausgesprochen.
Für Wiesenthal geht offensichtlich die Suche
nach den Verantwortlichen der
Menschenvernichtungen im Dritten Reich zu Ende.
Der Kampf geht zu Ende. Die alten Nazis möchten
in Ruhe sterben, erklärte Wiesenthal.
Sein größtes Interesse gelte unter anderem heute
noch dem Chef der Gaswagenabteilung.
Der hatte die Autos, die keinen Auspuff brauchten.

Der Nackenschlag

Das Auto fuhr gemächlich.
Michael hatte Angst vor der Kugel.
    In der Zelle, hundert Tage lang, hatte er gehofft,
    daß aus diesem Urteil ein anderes werden würde.
Das Gnadengesuch an den Staatsratsvorsitzenden
  aber wurde abschlägig beschieden.
Er sah keine Bäume, keine Felder.
Auch nicht die entgegenkommenden Autos und die,
    die hinter ihnen fuhren.
Er sah die Tür mit den Polstern.
Über den Augen der Halbkreis des Stahlbandes,
    welches seinen Kopf an die Leiste preßte.
Michael wartete auf den Tod, der, zwischen zwei
    Stopschildern, ihn ins Genick schlug.

Der letzte, der geht, knipst das Licht aus

Alle sind weg
keiner mehr da
das Theater schließt seine Pforten.

Der eine so nah
der andere fern
und Briefe mit bleiernen Worten.

Dich hab ich gemocht
dich bitte nicht
auch an Tote vergibt man Preise.

Der Vorhang fällt
das Licht geht aus
und ein jeder auf seine Reise.

Die Mauer fällt um / adn, dpa, upi, reuter

Sie standen und schrieen
das Ende. Das ist kein Spaß.
Sie hoben nicht einmal
die Hände. Verloren keine Hurras.

Sie gingen über und durch
die Reste. Einfach so hin.
Sie hatten vergessen
das Beste. Verliert versteinert den Sinn.

Ich hab noch so viel zu sagen

nur ein Wort reicht nicht
aus
für die Zeilen einer einzigen Sekunde.
Nicht für das Gold
zwischen schwarz und rot.

Der Aufenthalt unter den Brücken ist verboten

Unter den Brücken
die Stare
ein weißer
flog über die Havel ins
Nichts.

Beine weit ab
die Kugel traf nicht
vorbei
das Loch zwischen den Augen
kennt keinen
Schrei.

Der Glöckner von Notre Dame

Endlich einmal zu
springen
nicht zu stehen, zu halten
inne.

Bewegung:
aus Hoffnung
auf niemand.

Der doppelte Punkt

Gesetzt als zweimalige Begrenzung
innerhalb sich nicht angleichender Felder.
Trennung, Rain zwischen vor und nach.
Und manchmal Stein
und Wurf
und Mein und Dein.

Requiem für G.

Ich bin der Mitbewohner;
wohne ab und an mit uns.

Mittendrin wohne ich.
Daß kein Rand mir
Enge macht.

Messidor

Leise und langsam zerfallen Stimmen
Der graue Regen wäscht alles leer.
In diesem Wasser kein Messer
Niemand ist der Mörder.

Bonnis Ranch

Der Morgen. Heute vor fünf Jahren. Der war besser.
In der linken Hand den Strick. In der rechten Hand
das Messer.

Dann Rote Kreuze. Blaue Lichter. Pillen. Und nirgendwo
Halt.
Eine Gummiwand. Durch die keine Stimme schallt.

Die Bibel als Telefonbuch. Wie in alten Zeiten.
Abheben wählen sprechen. Besuche vermeiden.

Am Abend ein Film. Über Pferde. Vom Nil.
Dann Licht aus. Ruhe. Und im Traum kein Ziel.

Heller und Pfennig

Ich erinnere mich, trinke und höre André Heller.
Es ist kein guter Tag für Visionäre
und ab und an starre ich auf den Brief vor mir auf dem Tisch.
Die Post hat schlecht gestempelt, es sind zwei Abdrücke da;
links und rechts, die Mitte aber, die Marken, sind unberührt.
Auch an den Ecken hat der Brief die schwarzen Stempelstellen
als ob man ihn wahllos durch die Maschine gejagt hätte
oder aber der Postmann einen irren Spaß verspürte
mit seinem Entwertungshämmerchen auf das weiße Papier einzuschlagen.
Eigenartig, die Anschrift ist auf die Rückseite des Umschlags
geschrieben; auf der Vorderseite steht kein Absender.
Ich schiebe den Brief nach rechts, korrigiere mich aber sofort,
schnippe ihn dann gegen die Wand, vor der der Tisch steht,
in der Hoffnung, er werde durch den Spalt auf den Boden fallen.
Nein, er fällt nicht, er bleibt in der Wippe, und mit zwei Fingern
ziehe ich ihn zurück auf den Platz, wo er schon den ganzen Abend
über gelegen hat.
Die Gummierung ist fast weggeleckt;
Reste davon sind unter dem Falz nach außen verschmiert und schmutzig.
Heller singt, daß einmal alles anfängt; einmal alles aufhört.
Dann kommt die Katze.
Sie springt von hinten hoch und wischt mit der einen Pfote
nach dem Brief, schiebt ihn an den Rand des Tisches und erschrickt,

als er nach unten fällt.
(Sie lag die ganze Zeit auf der Heizung und wachte auf, als das Gras ihr in die Nase zog. Katzen mögen Marihuana.)
Am Boden liegt der Brief, mit der Vorderseite nach oben, ohne Absender.
Jetzt beginnt das letzte Stück auf der Platte
und zwischen perlgrauem Seidenfutter
liegt in einem handgeschöpften Quadrat von 11,5 × 16 cm
eine Karte mit schwarzem Rand.
Trauerrand, Mutter.

Es ist kein guter Tag für Visionäre
und ab und an starre ich auf den Brief unter dem Tisch.

Kinski spricht

Villon Rimbaud und Brecht.
In der ersten Zuhörerreihe wickelt einer Bonbons aus.
Kinski stockt. Spricht weiter. Der andere raschelt mit
Chips.
Kinski wirft das Mikrophon. Mit Recht
Kinski spricht
Villon Rimbaud und Brecht.

Carlos Saura

Wenn Mama zu ihrem hundertsten Geburtstag
eine Blutorange schält und über die Rispen des letzten
Joints
in ihren Tragstuhl stolpert
faß ich dir zwischen die Beine.
Nicht auf dem Kniestein der Einsiedelei und
nicht auf den Mottenkugeln des Dachbodens wird es
passieren,
sondern im Waffenschrank von Juan.
Wer greift der trifft der schlägt oder wie
mitten hinein, Er oder Sie.

Berlin

Im Kindsbett die Finger. An
den Enden der Schleiß.
Die doppelten Fäden der Spinne
ums Handgelenk
sind kein Beweis.

Hävelmanns Himmelfahrt

Vor fünf Jahren habe ich das erste Mal Coca Cola
getrunken.
Eine HB vom Verfassungsschutz geraucht.
Danach Marlboro und Drum.
Endlich Frankreich gesehen, die Provence und Paris;
das Mittelmeer und die Hochebene von Granada.
In Spanien wächst der Oleander neben der Straße.
Portugal, die Algarve und die Sierra de la Monique:
der westlichste Punkt des Abendlandes.
Über Rom, in diesem Stiefel nach unten,
Apulien, Florenz und Brenner.
Bomben in Südtirol.
Österreich, Salzburg, Wien.
An der Grenze kein Halt, kein Steckbrief
und keine rote Tusche in den Paß.
Die vermeintlichen Schwächen der Großen
sind immer die Hoffnungen der Kleinen.

Morgen ist ein anderer Tag

Fenster werden kleiner
die Stimme schweigt.
Das Bild einer Aussicht
gerinnt.
Und so
wird das Lachen am Ohr immer leiser
eins
an einem anderen sein.

Ohne Abschied

Montag
kam sie gegen drei, wollte das Zimmer vermessen
Dienstag
der Umzug, Trödel Müll, die Hälfte sogar noch vergessen
Mittwoch
stand sie an im Amt, für Wohngeld, ein Zwanzig Mark
Schein
Donnerstag
schlief sie das erste Mal auf der Matratze in ihrem
Zimmer, allein
Freitag
hängte sie Bilder auf, begann den Schreibtisch zu streichen
Samstag
brauchte sie ihren Freund, konnte ihn nicht erreichen
Sonntag
hörte sie Platten an, war danach ein bißchen froh
die Wohngemeinschaft hörte nicht den Goldenen Schuß auf
dem Klo.

Stern

Flitterjacke Hosen aus Leder
an jeder Hand einen Ring.
Stern unter die Augen geklebt
fünf Ecken hat so ein Ding.

Fünf Ecken auch als er
im Kopf noch war und rot.
Der Stern ist untergegangen
und unter den Augen tot.

Geralds Traum

Aus dieser Welt fällt
man nicht so leicht.
Die Träume sind zerkannt. Das Leben.
Wer heut noch rebelliert verliert. Das eben.

Zwanzigstes Semester

Du wirst eingehen in keine Geschichte. Auch nicht in ein Märchen.
Es wechselt sich einfach so ab.
Sogar die Haarspangen hast du geholt nach Tagen.
Der Platz ist leer. Deine Kontaktlinsen schwimmen nicht mehr
auf der rechten Seite. Am meisten fehlt mir dein Teddybär.

Du mußt nicht lesen

Ich hatte mir nichts dabei gedacht, höchstens daß du den Klang
seines Namens als angenehm empfunden hast.
Weißt du noch, wir sprachen über dich, über deine Schwierigkeit
Gedanken in Worte zu fassen und daß du es schaffen müßtest
sie dann aufzuschreiben.
Und wir haben gestritten und du hast gesagt:
es geht immer nur eins; denken oder schreiben.
Am Dienstag wollte ich wieder vorbeikommen, da war es zu spät.
Deine Tür offen und an der Matratze standen Herren in
Zivil und in Uniform. Einer blätterte gerade in dem Buch, das ich
abholen wollte. Es war nur geliehen.
Er las dann die von dir geknickte Seite laut vor.
Der Tod ist ein Meister aus Deutschland.
Als er damit fertig war schaute er mich an und fragte.
Kennen Sie das?

Im Arm der Stich
das Kissen der Nadeln.
Die letzte war eine zu viel.

22.45 Renaldo & Clara (1)
Film von und mit Bob Dylan
Mit Joan Baez, Sara Dylan, Ronee Blakley, Allan Ginsberg, Robin Carter, Mick Ronson, Harry Dean Stanton, Bob Neuwirth, Arlo Guthrie u. a. Regie: Bob Dylan

Ich lese es im Stern und weiß, daß der in der DDR nicht zu haben ist.
Jeden Sonntag aber, so gegen zehn Uhr vormittags, kommt die Vorschau
auf das Programm der Woche. Eine Menge Leute schreibt da mit.
Vater Mutter Tochter Sohn.
Jeder für sich. Sie wissen von ihren Filmen am Abend.
Bob Dylan, Allan Ginsberg, Arlo Guthrie.
Die Mutter weiß, daß dreiundzwanzig Uhr im ersten
fidiralala/Roger Siffer – ein Sänger, seine Freunde und ein lila Bus in Straßburg, der wunderschönen Stadt, kommt.
Das dritte steht nicht zur Diskussion. Die literarische Filmerzählung Drei Wege zum See / Film nach der gleichnamigen Erzählung von Ingeborg Bachmann. Wer ist denn das.
Heute abend kommt Bob Dylan. Ich weiß, daß die Bachmann tot,
Renaldo & Clara mittelmäßig und fidiralala das deutsche Fernsehen ist.

Blue Sunday

Mein Sohn war nicht in der Marine, sagte der
amerikanische
Admiral und legte einen Rettungsring auf das Grab.
Das sah schon komisch aus. Dieses rotweiße Ding
neben dem Stuck und Pomp von
Wilde Hugo Barbusse und Balzac.
Blue Sunday. Und auf Père Lachaise lachen die Doors.

Jonas

I

Marie ist ein Luder. Sie hat
nie etwas an, unterm Rock.

II

Der Mörder hatte die gleichen schlechten Zähne
wie sie auf dem Steckbrief beschrieben waren.

III

Im Bauch des Walfischs gab es keine Laternen, keine
Geländer
und kein Hotel für Morrison Live.

Lieber Freund

ich lese fünf Tageszeitungen. Drei Wochenzeitungen.
Fünf Monatszeitschriften.
Sonst nichts.
Beim Lesen der fünf Tageszeitungen habe ich kein gutes
Gefühl.
Aber wenn ich schon hier lebe, möchte ich wenigstens
wissen
wann ich dran bin.

Brief

Daß Du mich nichts angehst, wollte ich Dir schon immer
sagen.
Ich bin aber über
hör mal, ich möchte ...
nie hinausgekommen.
Sofort hast Du mit dem Kopf geruckt und
ja bitte
gefragt.
Warst gespannt und bereit jetzt etwas zu hören.
Standest meistens am Fenster
mit Deinem allzu offenen Gesicht.
An dieser Stelle verging mir die Lust, da hinein zu schlagen.

Anna. Eine Absicht

Ich steh und lauf und schau
Trag deine Schuhe weg.
Dein Klavier ist mir zu blau.
Deine Absicht; zu viel Zweck.

Dein Mund ist mir zu kantig.
Dein Gefühl, zu lau.
Du bist im Schoß so sandig.
So sandig und so blau.

Dein Po hat viele Ecken
Doch sitzt du nie darauf.
Beim Suchen und Verstecken
Gibst du als erste auf.

Ich steh und lauf und schau
Trag deine Schuhe weg.
Dein Klavier ist mir zu blau.
Deine Absicht; zu viel Zweck.

Draußen vor der Tür

Zweiundzwei ist vier. Draußen vor der Tür.
Stehen. Die abgehalfterten Leichen.

Dreiunddrei ist sechs. In mir wächst. Das Unbehagen

Vierundvier ist acht. Einer lacht. Die Wandlung.

Zwei Schritte nach vorn. Einen zurück.
Distanz. Als mögliche Handlung.

Steve

Steve hatte eine blaue Latzhose an.
Der linke Träger war verdreht. Die Schuhe schmutzig.
In der oberen Zahnreihe fehlte ein Zahn.
Gewiß. Das Schlupfloch der Stimme. In einem Kindergebiß.

Bild einer Frau

Für B.

Schuhe ausgezogen. Mit der Hüfte die Jeans.
    Nach unten.

Keine Schlüpfer.

Hemd übern Kopf. Schwarzblaue Achseln.

Brüste. Wie die Hörner eines Wasserbüffels.
    Schräg nach oben.

Stehend.

Fünf Zeilen. Vielleicht. Ein Gedicht.
Ich habe einen Streifen. Von deinem Schatten.
    In meinem Gesicht.

Die Relativität der Schönheit

Sandra schlaf. Halt mich fest. Ohne viele Worte.
Deine Hände sind so schön. Wie aus der Retorte.
Brüste Bauch Geschlecht. Und drunter.
        Nur Dein Haar ist bunter.
        Unter den Armen nichts.
Sandra schlaf. Halt mich fest. Wie aus der Retorte.
Deine Hände sind so schön. Ohne viele Worte.

Egon Schiele malt Hanne

Hanne male mu. Und raus bist Du. Raus bist Du
    noch lange nicht.
Erst Dein Gesicht. Das bricht. Noch lange nicht.
    Male mu. Hanne

Egon Schiele malt. Zwei. Eine angezogen. Halb.
    Die andere nackt.
Eine Hand hinterm Kopf. Die andere zwischen den Beinen.
Blick nach vorn. Die Brüste. Gleiten ab.
Male mu. Hanne. Wohin

Rheingold. Ein Film

Ich liebe Dich. Ich töte Dich. Ich kann es nicht ertragen.
Mit Deiner Selbstverständlichkeit. Hast Du mich
erschlagen.

Du stehst so stumm. Um mich herum. Wo soll ich denn
noch hin.
Die Reise ist zu Ende. Und damit auch ihr Sinn.

Vogelfrau

Der rote Fleck im Bett ist kein Beweis.
Für die Fruchtbarkeit.
Da mußt Du schon Deine Tage bemühen.
        Mit dem Sprung. Des Eies.
Dein Nachthemd ist weiß.
Beim Trödler gekauft und Leinen.
Dein Schoß ist heiß.
Für niemanden und keinen.

Rollers

Stützel bis hoch zur Scham. An den Fesseln Bänder.
Dann das Gestell. Vier Rollen.
Über den Belag der Straße. Hin. Ans Ende.
    Und wieder zurück.
Der Bügel am Kopf hält. Alles fest. Police rechts.
    Pink Floyd links.
Schritte Tritte Weiter. Über alles hin.
Wer rollt der fällt. Wer fällt war in.

Mechanik einer toten Gesellschaft

Räderwerk
einer Uhr. Gestänge. Wo Scheibe auf Scheibe liegt.
Verzahnt. In der Mitte das Loch. Die Schwelle durchbricht.
        Keiner
Der gelagert ist. Auf siebzehn Rubis.

III

Klappmesser

Rasch! gibt es weitere Leben?
A. Rimbaud

Klappmesser

Dir einen Kuß. Und am Ende.
Sind wir beide allein.
Über den Beton hinweg schaun wir nach Stätten.
Für die Liebe. Und wir finden Stein.

Dahin. Hierhin. Keines ist besser.
Aus dem Gedicht. In das Gesicht. Klappt das Messer.

In den Straßen

In den Straßen laufen. Stumme Tiere. Sich tot.
Hin und her. Und ihre. Spur ist nicht rot.

In den Straßen laufen. Beide. Hand in Hand.
Eine Bluse. Aus Seide. Das andere unbekannt.

In den Straßen laufen. Du und ich. Ganz knapp.
Mein Mund an deinem. Zu. Und nicht satt.

In den Straßen laufen. Straßen. Zu einander.
Wer und ich und du. Wer. Ist unbekannter.

Die Städte

Über ihnen ist Himmel
In ihnen Geschrei,
und unter ihnen der Strand.
Wir haben gegraben.
Wir waren am Stein der Schimmel.
Wir befielen sie.
Und uns befiel das Land.

Notwehr

Vorwärts. Zwei Schläge. Gegen Hals und Magen.
Tritt. In Lunge und Herz.

Was soll ich denn dazu noch sagen.
Mir tut es nicht weh. Es ist nicht mein Schmerz.

Das Gehirn gehört mir nicht.
Das Gehirn gehorcht dem Ich.

Majakowski

Kugel aus dem Lauf.
Kugel in das Aus.

Nicht in die Stirn.
Nicht ins Gehirn.

Herzen sind Fender.
Herzen sind Spender.

Rückstoß: beim Abfeuern und beim Treffen.
Drückt es beides aus der Bahn.

Der Sinn und der Grund waren gleiche;
der eine des anderen Weiche.

Der blaue Schirm

Einer wird gewinnen. Einer. Auch verlieren.
In den Städten kann. Keiner. Mehr erfrieren.

Einer geht nach oben. Einer. Schräg nach unten.
In der Niedenau. Bist du dann. Verschwunden.

Einer. Der kann sprechen. Einer nicht mal schweigen.
In dem Brechen wird. Das Blau im Schirm. Sich zeigen.

Die Wahrheit ist konkret

Ich bin. Ich war. Ich werde sein.
Gedicht. Text. Reim.
Und manchmal Bombe. Und Schuß. Der Stein zum Schluß.

Den Schlag kannst du fühlen. Und mich.
Der Heinrich der. Der bin ich.

Die Anstalt

Der Flur hat Türen bis zur Erde.
Die sind nach oben hin zu.
Und die Griffe abgeschraubt. Als wäre.
Das ich dahinter. Das du.

Das Haus hat Fenster nach einer Seite.
Die sind zum Durchschauen nur.
Und die Stäbe davor halten. Den Abstand.
Dort ist das Leben. Pur.

Der Handgriff/eine Phantasie

Auf den Spiegel aus dem Sinn. Zwei
Häufchen/mit der Schnur dazwischen.
Das Schwenken/die Spur, verbindet eins
mit dem anderen. Für die/für die und die.
Der Film im Kopf schaltet sich in
der Erregung selbst um: nicht lange auf einen Punkt
halten.
Es ist fast wirklich/was da geschieht.

Das Feuer fliegt von den Augen. In den Raum.
Du feuerst dich an. Und spürst es kaum.

Der Schlittschuhläufer/Havellied

Treten sie bitte heraus.
Aus dem Schatten endloser Wälder.
Tönt von ewiglich. Einer Okarina Klang.

Steht dort am Wegesrand.
Inmitten wiegender Felder.
Klagend rot der Mohn.
Stumm in ein Abendrot.

Wiesen im Abendlicht.
Verschweigen ihre Lieder.
Fällt aus ihrem Mund.
Sterbend schon ein Blatt.

Auf den Steinen zerbricht.
Hymnus dieses Lachens.
Rinnt als salziger Fluß.
Kurz durch die Hand.

Kreisen am Horizont.
Blicke beider Augen.
Schwimmen hinaus auf den See.
Liegen so in der Nacht.

Einmal im Leben zu gehn.
Hinab in versunkene Wälder.
Schimmernd im Wasser zu sehn.
Brennendroter Jasmin.

Rotblau

Rot ist mir zu rot.
Blau zu blau.
Die Vollkommenheit an sich. Ist es. Der ich nicht trau.

Schwarzweiß

Ist erlaubt
Nichts. Die Dresche kriegst du. Jeden Tag.
Wenn Du dir nimmst was. Dir zusteht.

Ist verboten
Alles. Die Aufforderung zum Beschiß liegt. Im System.
Wenn. Du mitmachst. Diese Krankheit.

Zweidrittel

Das Gedicht, ein Dialog.
Dichtung als Mittel.

Wo die Zeile zerbrach. Sich nicht bog.
Fehlten zweidrittel.

Asche zu Asche

für Ralf Rainer Rygulla

Der Angestellte in der Blindenhörbücherei war im letzten Krieg
einem Gasangriff entkommen.
Nach der Stunde Null, die anderen sammelten Steine, sammelte er Platten.
Das Regal in der Speisekammer bot Platz; das Eingemachte
hatten die Amerikaner auf dem Rückzug mitgehen lassen.
Die Schallplattensammlung wurde später in öffentlichen Besitz
übernommen; er fest angestellt.
In seinen Papieren stand hinter Beruf: Diskjockey.

Nachtbild. Über Frankfurt

Ochsenblutrotes Licht. Dahinter ein Flieger.
Vorn Vögel.
Der Rauch um den Kran.

Eiserner Steg. Zwischen Pfeilern eine Straße.
Unter Neon.
Die Türme aus Glas.

Ein Kahn reibt gegen Wasser.
Eine Frau sich gegen einen Mann.

Im Innern des Wals

Er: gibt es Licht.
Antwort: nein.
Er: Geländer.
Antwort: nein.
Er: Türen.
Antwort: nein.
Er: und Ausgang

Drei und sieben stehen. Zwei und sechs fallen.
Zehn ist über alles. Null gehört uns allen.

Der Spiegel im Blick meiner Augen

Auf den ersten Blick seitenverkehrt
Auf den zweiten kopfüber

Beim dritten fehlt die Hälfte der Stirn
Beim vierten der untere Teil vom Bauch

Der fünfte verkleinert die Schultern
Der sechste zerrt den Hals

Der siebente. Zeigt einen Film.

Kain und Abel

Um die Ecke biegen. Eine Straße mit einem Knick.
Der eine geht. Der andere steht. Schlägt die Bauklammer ins Genick.
Breitbeinig über. Dem Liegenden. Da
Hebelt er die Klammer aus dem Wirbel. Und sagt: ja

Puppenspieler

An Fäden aufgehängt.

Die Glieder und Teile. Hals Arm Bein Fuß. Am Kopf die Öse.
Drüber der Stab. Geführt. Eine Hand.

Und wenn das Licht verlischt. Dein Schatten an der Wand.

Der Seiltänzer

Bambusrohr Schirm oder das Gleichgewicht der
ausgebreiteten Arme.
Wie eine Kufe unter beiden Füßen: das Drahtseil.
Schritt vor Schritt.
Die Knie als Puffer/die Knöchel der Hände und Beine sind
weiß.

Im Kopf. Läuft er über einen Sportplatz.

Pasolini fährt nach Ostia

1
Den Balken im eigenen Auge.
Wer schreibt der bleibt.

2
Viale di Villa Massimo. Ecke
Via Alessandro Torlonia.

3
Mussolini auf dem Pferd
die sechzehn Stufen hoch.

4
Via Nomentana. Hakenkreuze
an der Porta Pia.

5
Via XX. Settembre und links
zur Piazza della Repubblica.

6
Rechts. Via Nazionale. Links.
Via Agostino Depretis.

7
Sankt Maria Maggiore und
Via Merulana.

8
Sankt Giovanni.
Die Bewohner der römischen Borgate.

9
Via Dell'Amba Aradam. Via Druso.
Die Caracalla Thermen.

10
Via Cristoforo Colombo.
Ostia. Lido.

Korridor

Hör mal, ich bin keine Ausstellung.
Die heißgeleuchtete Luft. Auslegware unter den Füßen.
Nein, was denn für eine Einladung, zu welcher Eröffnung.
        Bitte. Vernissage.

Durchgehen; Korridor von wo, wohin.
Kanal, zwischen was. Das
Schiff übern Berg ziehen.

Mit der Hand.

Schlachten

Dein Tod ist meiner. Und keiner gewinnt.
Dein Rot ist feiner. Als Waffe bestimmt.

Dein Mund der lächelt. Wenn er nicht spricht.
Dein Hund der hechelt. Mir ins Gesicht.

Keil oder eine Absicht gestern

Du bist nach unten offen.
Nach oben zu. Und zusammen

Wäre es umgedreht. Könnte
Ich dich. In den Fußboden rammen.

Weihnachten

Der lahme Händler
verkaufte ihm sechs
Glastuben mit vorzüglichem Kokain
aus Mannheim.
Und er lief durch ganz Paris
mit den sechs Tuben in der Tasche;
wie Kinder, die mit ihrem gesamten Spielzeug
unterm Kopfkissen schlafen.

Irrläufer

Das Gelächter war der Schlag vor den Kopf.
Dabei war es bis zu diesem Punkt so ruhig gewesen.
Nichts störte die Bahn.
Die Passanten am Rande schauten hin und hinterher;
        nickten und grüßten.
Am Tag vor dem Ziel säumten sie nebeneinander den Rest
        der Strecke.
Erwachsene, Männer und Frauen.
Kinder fanden auf dem abschüssigen Gelände keinen Halt.

Noch einen Schritt. ZIEL. Stand an der Wand.
Du langst in ein Wort. Mit der falschen Hand.

Die Wanderung der Zeit

I

Nach einem Jahr bemerkte ich eine Unruhe in mir. Ich kann nicht genau sagen wie sie mich befiel. Es war an einem Dienstag und auf dem Zettel stand »einkaufen«. In der Stadt sprach mich ein Buchclubwerber an und verwickelte mich in ein Gespräch über meine Brüste. Es gefiel mir, wie er sie beschrieb. Die Erregung durch Worte war mir neu. Auch die Art und Weise dieses Gefühls. Es kam von wo anders und ging nach wo anders. Ich war überrascht.

In einem Kaufhaus knickte ich an der Rolltreppe mit einem Fuß um und wurde von einem Mann, der hinter mir stand, abgefangen. Er holte einen Stuhl und ich setzte mich. Er massierte den Knöchel und schaute dabei nach oben. Ich denke, er sah mir zwischen die Beine. Seine Augen waren grau, graugrün. Der Druck seiner Finger auf meinem Gelenk, die kreisende Bewegung auf der Haut und das Surren der Treppe beunruhigten mich. Ich bedankte mich für die Hilfe und ging in die Stoffabteilung. Da traf ich Robert.

II

In der Straße die zum Haus führte lag ein Hund mit drei Beinen. Er leckte mir die Hand und als ich weiter ging, humpelte er hinter mir her. Diese Sorte Köter aß den eigenen Kot. Daher der Name. An der Tür von Nummer einundsiebzig hing ein Netz mit Milchflaschen und Semmeln. Robert dachte ich, Robert das geht nicht gut.

Das hintere Zimmer mit den Läden war demoliert. Die Lampe am Boden; an den Wänden obszöne Krakeleien und Spu-

ren von Notdurft. Der Tisch war in der Mitte mit einem Beil zerschlagen; ich hatte es im Frühjahr für den Gärtner gekauft. Auf der Heizung unter dem Fenster lag ein Brief und eine Fotografie. Das Foto war mit Filzstift zermalt.
In dem Brief schrieb ein Mann an eine Frau.

Kaffee Melange

Der Spiegel in der Umkleidekabine war am oberen Rand mit harten Kaugummis verklebt. Der Vorhang am Eingang ging nicht über die Hälfte der ganzen Breite und hörte weit über dem Fußboden auf. Ich legte den Mantel über eine Ablage und rutschte aus dem Kleid. Unter die Achseln klemmte ich die Bahn Stoff aus der Abteilung und fühlte, wie sie auf der Haut lag. Der Kontrast zwischen den Schuhen, den Strümpfen und dem Textil erinnerte mich an Kaffee Melange. Dazu noch die roten Haare und das Muttermal oberhalb der Leistengegend. Kaffee Melange, dachte ich; jetzt Kaffee trinken gehen.

Mit der linken Hand rollte ich den Stoff zusammen und zog das Kleid und den Mantel an. Der Vorhang am Ausgang ließ sich nicht auf die Seite schieben. Ich zerrte an den Ösen und riß dadurch das Plastik entzwei. Eine Verkäuferin mit roten Nägeln bemühte sich von außen und redete auf mich ein. Ihre Stirn war gepudert und am Haaransatz sah man die Färbung von Braun auf Blond. Ich bückte mich unter ihre Arme durch und verließ die Kabine.

Die Tasche. Eine Absicht

Er: An die Tasche. Denk an die Tasche.

Sie: Die Tasche. Ich denke immer an sie. Du weißt es. Warum diese Erinnerung. Jedesmal dein Schauen, dieser Blick.
Dieses Theater. Langweilt es dich nicht, mich zu erinnern.

Er: Nein.

Sie: Nein. Warum nicht. Du bist doch sonst für jetzt, für morgen. Noch drüber hinaus. Und dann das.

Er: Gehen wir.

Sie: Nein. Ich möchte das klären. Ein für alle mal. Ich kann es nicht mehr hören. Die Tasche.

Er: Ich habe es dir doch schon gesagt. Es ist ein Kick. Ein Tick. Auch du hast Gründe, um eingeliefert zu werden.

Sie: Das ist kein Tick. Es ist Absicht bei dir. Du willst mir weh tun.

Er: Nein. Laß uns gehen.

Sie: Du hast mir keine Antwort gegeben. Willst du es lassen.

Er: Ich kann es nicht lassen, da ich es nicht beabsichtige. Es ist ein Kick.

Sie: Dann bin ich gegen deine Kicks. Ich kann sie nicht ertragen.

Er: Und warum liebst du mich. Sind es nicht die Eigenarten, die verbinden.

Sie: Die Gewöhnung an dich hält mich bei dir.

Er: Das gehört dazu.

Sie: Ich weiß. Laß uns gehen. Wo ist die Tasche.

Er: Da.

Beim ersten klaren Wort

Sie: Ich gehe. Wann bist Du wieder da.
Er: Morgen.
Sie: Komm aber nicht zu spät.
Er: Nein.
Sie: Wir könnten übermorgen eine Fahrt machen.
Er: Übermorgen.
Sie: Ja.
Er: Wann gehst du.

Sie: Jetzt.
Er: Wann bist Du wieder da.
Sie: Morgen.
Er: Komm aber nicht zu spät.
Sie: Nein.
Er: Denke an die Fahrt. Übermorgen.
Sie: Übermorgen.
Er: Ja.
Sie: Bis morgen.

Der Kontakt

Das Checken der Frauen im Westen. Wie ein Flieger unter dem Radar durch. Landen. Um Asyl suchen. Verfolgt waren sie, sagen sie. Mit den Umständen unzufrieden. Wirtschaftsflüchtlinge. Sie bringen nichts mit außer sich. Vielleicht noch einen Ring, einen Armreif, Ohrgehänge. Eine Hose (Seide). Eine Jacke (Leder). Ein T-Shirt. Sie haben alles zurückgelassen, was den Flug erschwert hätte. Die Möbel, Teppichböden und Einfrierboxen. Das Schlafzimmer. Ihren Geruch und den Kübel für die schmutzige Wäsche. Sagen sie. Schon immer hätten sie mit dieser Absicht gespielt; einfach weg. Und neu anfangen. Jetzt lohnt es sich noch; in ein paar Jahren wäre es zu spät. Sie waren nie einverstanden mit dem System und wurden verfolgt. Diese Angst sei unmenschlich, totalitär. Sagen sie und nicken. Immer eine Kontrolle, wohin man auch geht. Nie richtig allein. Und die Fragen. Und die Lügen. Die man nicht immer wieder hätte erfinden können. Und die Kraft nicht gehabt. Und den Plan. Jetzt endlich weg. Sagen sie und kauern auf dem Stuhl, der ihnen die erste Bleibe ist.

Spuck nicht auf die, die dich lieben

Mit dem Messer die Telefonleitung kappen.

Die Hand in die Schleifscheibe halten.

Ein Huhn ausnehmen.

Den Boden eines Bootes anbohren.

Das Dach der Deutschen Bank abdecken.

Gegen die Straßenbahnen laufen.

Vor der Blindenwerkstatt einen Tunnel schachten.

Zwischen den Hochspannungsleitungen Drähte ziehen.

Der Regierung eins vormachen.

Dem Animateur die Lust verweigern.

Einen Kinderchor leiten, der nur ein Lied singt:
Drei Chinesen mit dem Kontrabaß.

Tötungen

Totem.
In männlicher und weiblicher Linie. Vererbt werden kann.
Totemismus,
Bindung an eine Gruppe, Zusammengehörigkeitsgefühl.

Totenbestattung.
Hygienischer Gesichtspunkt. Erd- und Feuerbestattung.
Totenblume,
volkstümlich für Bilsenkraut.

Totenbuch.
Für jenseitige Gefahren und dem Leben. Nach dem Tod.
Totengedächtnis,
Gebetsverbrüderung, Fürbitte für.

Totengericht.
Durch Unterlassungen im vergangenen Leben. Taten.
Totengespräch,
erdachte Gespräche, satirische Dialoge.

Totenhochzeit.
Ais jung und unvermählt gestorben. In ländlichen Gebieten.
Totenkäfer,
Stinkdrüse am After, in Kellern und Schuppen.

Totenklage.
Das Weinen der Frauen. Vielfach bezahlte Weiber.
Totenkopf,
der Rüssel zu kurz, ein Wanderfalter.

Totenkrone.
Kronenähnliches Gebilde. Für Junge.
Totenkult,
rituelle Abwehr im Volk, zeremonielles Verhalten.

Totenleuchte.
Die Beinhäuser und Friedhöfe. Lichtsäulen Lichthäuschen.
Totenmaske,
Abformung eines Gesichts, körperlicher Verfall.

Totenmesse.
Mit zusätzlicher Stundensprache. Vorausgehen.
Totensagen,
vom Schildern der Sagen, eigene Schuld.

Totensonntag.
Um zum Gedächtnis der Entschlafenen. Bezeichnung der Agende.
Totenstarre,
keine Ernährung und Sauerstoff, verschwindet die Reihenfolge.

Totenteil.
Ein mitgegebenes Recht. Mitverbrannte Gabe.
Totentrompete,
schiefergrauer Würzpilz, in Laubwäldern.

Toter Mann.
Die Verankerung eines Seils.
Planmäßig zu Bruch gegangener Hohlraum.

Messerspiele

Zwischen den Fingern die Stiche
aufs Holz
oder in den Sand.

Der Wurf gegen eine Bude;
in Kreise
aus Kreide.

Das Balancieren der Spitze
auf
dem kleinen Finger.

Das Tauschen,
bis man das schärfste
hat.

Container

Einen Sinn für Beton.
Nach leben lieben lachen lernen leiden.
Die Würde des Kindes ist aus Papier. Buntpapier

Scherenschnitt: ins Rote die Wärme; im Blauen kein Dach.
Die Sprache alter Schule muß ins Massengrab.
Den Schritt zuviel machen. Das Gedicht umbringen

Offenbarungseid

Die Apokalypse an Eides statt.
Zur Bekräftigung der Erfüllung einer
Auskunftspflicht.

Liste. Zwei Bettücher, Socken. Einen Mantel.
Bewegliches Inventar: Tisch Stuhl Bett.
Feststehendes Inventar: Eine Lampe.
Wertgegenstände: Goldbrücken im Mund. Einen
Diamanten im Schneidezahn.

Die Vollstreckung bleibt bei
erfolgloser Bilanz bestehen.
Die Versicherung ist eine Umwandlung zur Person.

Zehntausend Mark. Kostet
der Mündungsschoner einer
Vierlingsflak.

Gegen Rom

Der Zug. Der Schlafwagen. Die Ankunft und diese Stadt.

Dummes Zeug in der Luft. Koffer über den Travertin.

Männer mit der Hand in der Hose. Schabendes Geräusch.

Ab. Die Finger an die Nase. Schwarzes unter dem Nagel.

Die Augen treffen weiße Frauen. Römische Hotels.

Glied und After und Scheide und Mund. Kein Wasser.

Fahrscheine. Und auch noch im Taxi der Geruch.

Lichterlampen mit Kohlefäden; warmer Basalt. Brunnen
Brunnen.

Der Tiber auch und seine Brühe.

Der Bauer von Paris

für Aragon

Der Vater war Dada.
Die Mutter eine Passage.

Passagen sind Häuser oder Gänge,
welche keine Außenseiten haben –
wie der Traum.

Eva Braun

Lampenschirme. Buchhüllen und ein Futteral für den
Kamm.
Die schönsten Bilder von der Brust und vom Oberschenkel.
Abgezogen, auf Rahmen gespannt, präpariert und
getrocknet.
Mit Tierdärmen vernäht.
Anker Herz und Seemannsgrab. Hammer und Sichel. Eine
Nackte.
Lola. Jenny. Der Eiffelturm.
Die Haut von zwei Füßen. Auf der einen/ich bin müde,
auf der anderen/ich auch.

Domino

Spiel. In einer Gesellschaft von null bis sechs Augen.
Das zweifache Vorkommen der Zahl auf dem Stein.
Ist ein Pasch.

Den Mitspielern verbleibt die Wahl
zwischen bedienen
mit der gleichen Augenzahl
oder aussetzen
bis zum nächsten Mal

Film von Brasch.

Der Flieger

Zwei Gründe.

Die Strafe für das Entfernen vom Boden
lag im zweiten Grund.
Der erste hatte damit nichts zu tun;
er betraf ein anderes Gebiet.

Das Festbinden der Arme
erfolgte mit dem Gesicht zur Erde.

Die Augen sahen Steine, Gras und einen zermatschten
Frosch.

Dezibel

Knall. Die Ohren fliegen weg.
Der Schlund erstickt an den
Zähnen. Brücken und Kronen.

Die Lippen zerknautschen
unter
der Wucht.

Schwingung. Schallkreis durch
die Nase ins Hirn.
Die Schleimhäute sind Pergament.

Die Augen sehen nicht
den Druck.
Haare fallen vom Kopf.

Dieser vom Leib. Denn er
hat das Herz
verständigt.

Haut

Die Flecken der Seele.
Das leichte Erschrecken
beim Anbruch des Tages.

Erst vorsichtig;
dann böse die Spur
des Fingers.
Betasten.
Begrenzen.
Den Abstand der Poren.

Den Sprung der Schuppen
verhindern.
Einfetten.
Glattstreichen.

Die Schwellung fühlen.
Den Drang von innen nach außen.

Im Spiegel.
Juckt meine Angst.

Fliegflasche

Leichtes Geschoß unterm Tritt
des Fußes.
Die Richtung überrascht
durch ihre
Abenteuerlichkeit.

Die Figuren lösen
einander ab,
ergeben keinen Sinn:
sie wurden zu schnell
geflogen.

Die Landung.
Der Punkt des Aufschlags ist
sofort vergessen und
weg rutscht das Plastik, dreht sich noch einmal
und kippt.

Augenreim

für Rolf Dieter Brinkmann

Der Herbst ist blind. Es fallen
die Augenklappen ab

Glasauge
Mistauge
Affenauge
Fettauge
Holzauge
Linsenauge
Facettenauge
Punktauge

Augenblicklich sind
die Kälberaugen knapp.

Schlaflied

Meine Seite eins
Deine Seite zwei
Wer wirft das nächste Mal
Wer ist Seite drei

Wer ist die fünf, die sechs
Wer die vier
Und manchmal
Würfel ich mit dir

Kinderzeit

Arbeite mit mir.
Ich suche den
Geschmack
meiner Kinderzeit,
in dir.

Lerne mit dir.
Du findest
eine Mode
deiner Kinderzeit,
in mir.

Stehend schreiben

Wegen
der ersten zwei. Und dem
letzten Wort.
Anfang und Ende.
Zwischendrin wird der Kreis
zur Ellipse; zur
schwingenden Acht des
Wriggens.

Gegen das Wasser,
mit nur einem Ruder.

Stehend.

Hymne

Auferstanden aus Ruinen und dann über alles hin.
Lass es dir zum Guten dienen. So wie andern Völkern ihrs.
Und der Zukunft zugewandt.

Seresta. Ein Film

I

Die Wohnungen waren in den feineren Vierteln. Beckmann hatte im Stadtplan Kreuze gemacht; Piazza di Spagna, Via Giulia.

Der Zug fuhr neun Uhr abends ab Frankfurt. Liege- oder Schlafwagen. Der Unterschied bestand in der Bettwäsche und in der Anzahl der Pritschen; Plastik oder Leinen; drei oder sechs; gemischt oder getrennt. Beckmann belegte einen Platz in der Touristenklasse Schlafwagen. Dafür reichte das Billet zweiter Klasse mit Zuschlag.

Am Bahnhof kaufte er eine Frankfurter Allgemeine Zeitung, den Playboy und Transatlantik. Die Zeit war zu dick; das Penthouse mit einer deutschen Frau. Dann lieber ein Würstel mit Semmel. Für die Fahrt.

Das Abteil. Die Tasche oben in die Ablage. Darüber noch frei. Ein Italiener mit Hasenscharte stopft neun Tüten in das Fach. Zwei Koffer über die Tür. Beckmann strahlt den Typ an. Der dann fragt und sagt: »Wir fahren zusammen. Ich heiße ...« Er kann den Namen nicht verstehen. »Beckmann. Liege in der Mitte. Schnarchen Sie? Dann bitte über mich. Ich trete gegen Ihren Boden. Ich halte Schnarchen nicht aus.«

»Darf ich mal. Unten ist noch frei. Sie haben sich schon eingerichtet. Kann mein Koffer da noch drauf. Danke. Scherbaum, Hans-Georg. Requisiteur am Schauspiel. Das Rom habe ich im letzten Moment gebucht. Treten Sie ruhig, wenn der Krach macht.«

»Am Brenner kommen die Banditen. Der Schaffner ist an der Beute beteiligt. Sehen Sie, der Riegel schnappt nur einmal. So können sie von außen mit dem Vierkant öffnen.«

Scherbaum lag mit schwarzem Pyjama im unteren Teil und sprach halblaut vor sich hin. »Meine Herren, haben Sie Angst.«

Termini. Roma Termini. Beckmann stieg aus. Kaufte ein Panino mit Mortadella. Ging auf den Vorplatz und wehrte zuerst die Geldwechsler, Zuträger, Zubringer und Zuhälter ab. Er hatte im Moment kein Bedürfnis nach Leistungen.

Die Richtung des Weges hatte im Stadtplan nach West, Nordwest ausgesehen. So an der Piazza Barberini vorüber. Er war die Strecke in Gedanken auf dem Plan schon mehrmals abgelaufen.

Die Taschenbuchausgaben des Romans und der Erzählung steckten im Sakko. Links und rechts. Mit Eselsohren und Unterstreichungen. Dazu ein Blatt mit den Anschriften der Wohnungen. Im Archiv war man freundlich gewesen als er nach ihnen verlangte. Er hatte seinen Buchhändlerausweis nicht gebraucht. Nur den Namen des Ladens gab er an. Und den Sinn und Zweck der Reise: »Studienfahrt nach Rom; unter Berücksichtigung der Wohnverhältnisse der Autorin.« Als Lektüre den Roman von ihr. Ergänzend dazu die Erzählung eines Mannes. Dieser hatte mit ihr in Rom geraume Zeit Tisch und Bett geteilt. Beide Bücher hatte Beckmann im letzten Quartal je dreiundsiebzig mal verkauft. Das war ihm noch nie passiert.

Er lief über die Straße. Durch den Park und an der Piazza della Repubblica vorbei. Überquerte die XX. Settembre. Barberini und Tritone. Rechts dann in den Corso, bis Via

Condotti. Das Ende dieser Straße; die Piazza di Spagna. Beckmann hielt sich links. Das Straßenschild der zweiten Quergasse: Via Bocca di Leone. Nummer sechzig auf der rechten Seite.

Das Haus war braungelb und schmal. Vier Stockwerke hoch. Daneben eine Drogheria. Beckmann setzte sich auf einen Stein. Schaute auf die Fassade. Die Läden der Fenster waren geschlossen. Beim späteren Klingeln an der Tür wurde nicht geöffnet; wie gern hätte er sich die Wohnung angeschaut.

Die zweite lag ganz in der Nähe. Via della Croce. Nummer zwanzig. Direkt über dem Wiener Bierhaus. Er bog nach rechts und las: Löwenbräu. Ein öffentliches Telefon gab es im Ristorante, oben einen Dachgarten. Der Abzug der Küche führte daneben ins Freie.

Der Wirt erinnerte sich an die Frau; hatte sie sich doch über die Küchengerüche beklagt. Gespeist bei ihm; sehr selten. »Ja ja, sie zog bald wieder aus.« Die Wohnung könnte er nicht sehen. Der jetzige Mieter sei im Ausland. Der Außenputz des Hauses hatte eine braungelbe Farbe und war vier Stockwerke. Daneben eine Drogheria. Beckmann lief zurück. Bis zum Corso. Überquerte ihn und ging Richtung Tiber. Auf Lungotevere, kurz hinter dem Ponte Vittorio Emanuele, begann die Via Giulia.

II

In den Tagen nach der ersten Angst brannten Arbeiter das Schwemmholz von den Pfeilern der Tiberbrücken. Die Stadtreinigung sammelte die leeren Einwegspritzen in blaue Müllsäcke und stapelte diese oberhalb der Treppen, die zum

Fluß führten. Maler strichen mit Bürsten weiße Farbe über die Parolen und kratzten Plakate vom Travertin.

Pelikan wischte das Blut aus der Armbeuge und lehnte den Kopf an das Geländer. Im Gegenüber die Engelsburg. Hadrians Grabmal. Nie erstürmt. Dann Kerker. Verkommen zur Ausstellungsfläche.

Der Engel schwimmt.

Ein Müllauto holt die blauen Tüten ab. Der Glattrasierte haut Pelikan auf den Kopf.
»Du im Himmel.«
»Der Engel. Der Engel.«
»Nimm die Pfote weg.«

Auf dem Ölkanister liegt eine Binde mit einem Weidenast. Die Farbe ist Ochsenblutrot und Silbergrau. Pelikan geht vom Geländer weg. Auf die erste Stufe, die nach unten führt. Der Stein aus Tivoli hat an den Rändern Spuren von Überschwemmungen. Der Arm ist gefühllos und schmerzt. Die Regel ist von oben nach unten. Es fing damals umgekehrt an. Die Beuge kam vor der Zunge.

Den Engel gibts nicht mehr.

Pelikan schiebt mit dem Schuh Dreck an die Mauer.
»Mauerbauer.«
»Wer.«
»Ist Ihnen schlecht.« Der zweiundsechziger Bus fährt über die Brücke Vittorio Emanuele.
»Mir schlecht. Sagen Sie, wo ist der Engel.«
»Der Engel.«
»Der Engel von da oben. Wo ist der. Der mit dem Schwert.«
»Ich habe nur ein Taschenmesser. Bitte.«

Ein rotes Messer mit dem Schweizerkreuz. Die große Klinge in den Spalt zwischen Mauer und Stufe. Tritt. Es wippt zurück. Noch einer. Das Plastik splittert; der Stahl bricht.

»Bitte.«
»Danke.«
»Ich sehe den Engel auch nicht mehr.«
»Aha.«

»Haben Sie eine Zigarette.«
»Eine Zigarette. Nein. Mein Name ist Beckmann. Ich bin nur kurz hier. Orte aufzusuchen. Aber ich komme nicht rein. Verstehen Sie, nicht rein.«
»Nicht rein. Sie nicht rein. Der Engel ist doch fort.«
»Bitte, was ist mit dem Engel. Sind Sie schon lange hier. Ich meine hier auf diesem Platz.«
»Hier. Eine Stunde oder so.«
»Und was ist da drüben.«
»Der Engel.«
»Stimmt. Er ist wieder da. Jetzt sehe ich ihn auch. Ist er nicht schön.«
»Sind Sie Deutscher.«
»Ja ja. Deutscher.«
»Ein komischer.«

»Wie meinen Sie das.
Manchmal verschwinden Dinge und tauchen später wieder auf. Ich lege Bücher auf ein Regal und dann sind sie weg. Am Anfang machte ich mir die Mühe des Suchens. Blieb vier fünf Stunden länger auf der Arbeit. Ohne Erfolg. Tage später lagen besagte Bücher wieder auf dem Platz, wo ich sie abgelegt hatte. Auch schon am nächsten Morgen; war die Ordnung wieder hergestellt. Dabei habe ich es belassen. Es hat keinen Zweck, dagegen anzurennen. Die Dinge ändern sich. Sind da; sind weg.«

Pelikan schaut nach hinten und sieht einen Mann. Mittelgroß, der redet. Das Geräusch seiner Stimme klingt hastig, laut. Dann spürt er die Hand auf der Schulter.

»Hören Sie mir zu. Ist Ihnen schlecht.«

Der linke Schuh rutscht ab. Eine Stufe tiefer.
»Mir ist nicht schlecht. Der Engel. Er ist wieder da.«
»Ja ja.«

Zwei Stufen nach unten.

»Hören Sie, soll ein Rettungswagen her. Der bringt sie in Sicherheit. Meine Zeit ist begrenzt. Ich muß denken, daß sie mich doch an einer Stelle reinlassen. Einmal nur kurz. Für fünf Minuten. Deshalb bin ich doch hier. Wie soll ich sonst zurück.«

Pelikan fällt nach unten; Beckmann geht die Stufen nach oben; und setzt seinen Weg fort.

III

Unterwegs, oberhalb der Piazza del Popolo, erinnert er sich an den Hinweis der Dame aus dem Archiv. Sie hatte ihm in dem Gespräch wegen der Wohnanschriften erzählt, daß auf der Piazza Popolo das Ristorante dal Bolognese sei. In ihm hätte die Autorin gespeist. Auch wäre es manchmal da zu unerfreulichen Zwischenfällen gekommen.

Er ging rechts. An den Figuren vorbei nach unten. Auf dem Platz stand ein Brunnen. Und Autos. Das Ristorante hatte Lunedí, Montag, geschlossen. Beckmann kam in die Via Giulia.

Eine schmale Straße. Die Häuser groß, hoch. Die Farbe rotgelb, rot und schwarz. In der einhundertzwei hatte der Mann mit ihr gewohnt. Beckmann faßte in die rechte Tasche des Sakkos und zwutzschelte mit dem Daumennagel die Eselsohren des Buches. Die Haustür war offen. Über einen Gang kam er in den Innenhof. Der Portiere verneinte die Frage nach der Besichtigung der Wohnung. Der Mieter sei verreist; an die Tedescos, die Deutschen, könnte er sich nicht erinnern. Er sei hier erst seit sieben Jahren. Im Nachbarhaus war eine Galleria. Beckmann lief schräg. Zur anderen Straßenseite zurück.

Der Palazzo Sacchetti. Nummer sechsundsechzig, int. siebzehn. Im Innenhof ein Park. Dahinter der Tiber. Auf der Mauer, die das Grundstück begrenzte, ein Frauenkopf aus Stein. Beckmann setzte sich auf eine Bank.
»Pronto.«
Sie wünschen. Der Portiere.
»Die Wohnung ist wieder vermietet. Ein Diplomat. Mit zwei Kindern. Drei Jahre war sie leer. Ich kann Sie nicht reinlassen. Der Mieter ist nicht da. Meine Frau kannte sie gut. Die hat auch den Unfallwagen gerufen.«

Beckmann ging auf die Straße. An der einhundertzwei vorbei. Hinter dem Palazzo Farnese in die Via Arenula. Um die Ecke das Ministero Grazia e Giustizia. Ministerium der Gnade und Gerechtigkeit. Die Fenster mit Sandsäcken zugelegt. Im Hof stand ein Spähwagen. Beckmann fuhr am gleichen Tag um viertel vor fünf mit dem Zug zurück.

IV

Stadthunde

Fuchs: Wir müssen uns verändern. Vom Land weg in die Stadt.
Wolf: Da sind die Hunde.

1

Die Ampel hat drei Augen.
Die sind unterschiedlich schön.
Die regeln das Fahren. Und das Stehen im Gehn.

2

Das Geld hat Hände wie das Beil: es greift ein.
Und der Weg der Verletzung kann verschieden.
Und auch andersfarbig sein.

Das Geld macht Schlieren wie der Regen: es ist naß.
Und ob auf die Haut oder drunter.
Wen kümmert das.

Das Geld hat eine Ohnmacht: es sind manchmal auch zwei.
Und die eine zerfetzt dir den Kopf.
Und die andere freut sich dabei.

3

Wo die Stadt sich teilt: am Fluß Main.
Bringt Wasser die Ufer zusammen. Abel und Kain.

Der eine haut. Seinen Spiegel entzwei.
Im Gegenüber sind Opfer und Täter. Einerlei.

Wo die Stadt sich rafft: in der Mitte. Bei Tag.
Sind in der Nacht die Schübe. Schlag auf Schlag.

Die Straßen voll. Mit Blech und Licht. Egal.
Wer berührt der führt. Allemal.

4

Die Hauptwache schwimmt zum Eschenheimer Tor.
Der Kaufhof rudert und bricht entzwei.
Ampeln springen um und sind dabei.
Und auch die Rundschau tastet sich schon vor.

Der Dom drückt seine Spitze in den Main.
Verpumpt die Zeil mit Schlamm.
U-Bahnen bilden hilflos einen Damm.
Und auch die Börse, hört man, richtet sich schon ein.

Die Banken stehn bei Fuß und müssen mit.
Sie zahlen bar, für diesen Zug.
Die Junge Oper tanzt und probt das Stück Betrug.
Und auf dem Römer wohnt die Nitribitt.

5

Triebwagen. Von fern nach nah. Und umgedreht.
Weg und da.

Er rollt. Du auch. Über Schienen hin.
Er kennt das Ziel. Du nicht. Aber den Sinn.

Züge sind Schlösser über dem Rhein.
Züge sind besser als ihr Train.

Triebwagen. Von hier nach dort. Und umgedreht.
Stimme und Wort.

6

Neben der Straße ist eine Wiese.
Darauf ein Hund, ein Kind.
Sie jagen sich.
Das Kind fällt. Der Hund bellt.

Tier übers Geländer.
Kind hinterher.
Der Matsch macht den Autos das Bremsen schwer.

7

Die Deckel auf. Da bleibt kein Auge trocken.
Es liegt vor uns. Was in der Suhle lag.
Murmeln
Katzenaugen
Jojos
Katschas
Holländer
Trittroller. Und Hans im Glück mit seinem Brocken
Gold. Den ich jetzt trag.

8

Der Schacht führt zum Tunnel und dieser in den Kanal.
Einstieg senkrecht; das Gewölbe zum Ausgang hin
niedriger.

Schwaden steigen an die Decke; herunter tropft es in
Punkten,
die Ringe werden.
Die Flüssigkeit ist ein Band und zeigt im Oberlicht die
Fugen des Steins gegen den Schatten des Gitters vom Deckel
aus Gußeisen.

9

Die Tropen die Tropen. Hier.
Haben Falter. Zusammenklapper. Tintentests
für Blöde. Und die höhere Laufbahn.
Puppenvögel gelbe.

Da wird gelebt. Da wird verreckt.
Da. Sind die Nadeln der Bäume die Rippen der Luft.

10

Das Tor wirft einen hohen Bogen
Der Raum gewinnt Gestalt und gähnt
In Leere. Die wird vorgelogen
Deshalb niemand die Fülle wähnt.
Hier standen vor Jahren die Juden
Dicht an dicht.
Und schluckten das Rund der Kugeln die schwer sind
Damit sie keiner erbricht.
Die Leiber zuckten im Einschlag.
Fielen zusammen um; hielten sich bei der Hand.
Ein Metall ging daneben und durchschlug den Putz der Feinkostwarenwand.

Da steckts. Ich habe den Rost gesehen und den Staub.
Im Hof in der Kalbächergasse. Der still war so laut.

11

Im Osthafen ist ein Pferd ertrunken.
Es stürzte von Kai sieben und riß den Karren mit.
Das Flußwasser spritzte gegen die Steine und auf Grund
sank das Tier mit der Ladung.
Splitt. Granit gemahlen für das Gleisbett der Kräne
aus dem Bruch. Linksseitig des Mains.
Und die Achse brach und die Deichsel verriß
und die Hufe hoch und die Trense im Biß.
Versunken so gegen halb eins.
Rechtsgescheitelter Mähne.

Der Absatz steckt im Gitter fest. Der Fuß kommt nicht
aus dem Schuh.
Vornübergeneigt versucht der Rest die Flucht in das: Du
hilf.
Deckel oder Bein.
Macht macht. Beim Hebeln laut gelacht.
Die Fessel war schmal und mein.

13

Die Freude.
Zwei Äpfel. Einer ist dir.
Gib den Krips aus dem Mund in die Hand.
Die Kerne mir.

Zwei Feigen. Der Matsch fällt aufs Hemd.
Und ein Tuch übern Stoff geruppelt.
Das dämmt.

14

Messer schneidet Auge.
Auge klafft Messer an.

Auge ist zwei.
Messer ists einerlei.

15

Beine. Der Blick klettert höher. Ein Leib. Drüber der Kopf.
Mode. Einen Körper anzudeuten, der sich nicht kennt.
Die Frau wird zur Sache. Und die Sache erregt.
Verbrennt. Den der sie begehrt.

16

Über der Pfütze schwillt
ein Punkt. Quecksilberdampf.

In der Pfütze eine Schrotpatrone.
Kupfer mit Pappe.

Daneben ein Knäuel Draht.
Schuheisen.

Die Bogenlampe arbeitet an ihrem Schein zum Abend.

Der kommt immer.
Und Licht: sein Dimmer.

17

für Johanna

Der Mund hat
Ränder wie der Himmel.
Der liegt im
Gesicht.
Und die Augen
suchen
die Lippen.
Und finden sie nicht.

Ich denke
an den Engel
und seinen Widerpart
Lust.
Er fliegt
du stehst.
Du mußt.

18

Vierundzwanzig Gleise enden am Kopf
Vierundzwanzig Bögen überspannen den Schopf
Vierundzwanzig Sperren prellen die Fahrt
Vierundzwanzig Steige sind ausgespart.
Eidechsen fahren Koffer umher. Rolltreppen kreuzen
Hallen quer.
Tunnel schaffen Schnellbahnen herbei.
Kein Dampf in der Luft
Mövengeschrei.

19

Die Faxen dick. Der Reder und der Schweiger.
Der Storno läuft. Die Kasse ist schon dicht.
Am Tresen Gide Klaus Mann und undsoweiter.
Die Nadel schräg. Damit sie nicht zerbricht.

Überläufer haben Hasenpfoten.
Fersengeld ist teuer und die Lusche zählt.
Ein Hauch von Luxus. Riten sind die Moden.
Und eine Freiheit. Die sich selber wählt.

20

Das Zögern
wegen eines Frauenbeins in Seide
nach dem Beischlaf
beim Tritt gegen einen Hund
vor einer Tür
unter dem Strick
zwischen diesem Land.

Aus Unlust,
von Äpfeln einen zu wählen gegen diesen Hunger.

21

Die Worte bleiben. Die Inhalte gehn.
Auf eine sprachlose Weise:
Beim Deutschen Doppel müssen die Körper leer
    im Sprachraum stehn
und erhalten Preise.

Anrede Abrede. Schilder mit Zahlen und einem Wert.
Wie man sich bettet so liegt man. Und seitenverkehrt.

22

Letzten Monat war der Regen in der Stadt.
Er hat sich ausgeschüttet. Ist nun leer.
Die Sickergruben sickern ab.
Das Wasser fließt als Bach als Fluß zum Meer.
Dort wird verrührt. Gemischt gießt es wieder herab.
Und der Abstand der Tropfen ist immer. Zwei Finger
knapp.

23

Bei Kurzschluß gehn die Lichter aus. Die Leitungen sind tot.
Und Sicherungen fliegen raus. In der Schleuse
schaukelt ein Boot.
Die Nacht wird wahr. Zwei Dinge klar bei Dunkelheit.
Das Gesetz beugen
Kinder zeugen.

24

Amateure leben aus freien Stücken.
Zusammengesetzt bleiben sie sich selbst entrückt.
Hinter Larven schlafen Masken. Negativ
mit dem Positivstück.

25

Der Mann steckt sein Geschlecht durch die
abgeschnittene Spitze
der Papiertüte.
Umhäuft es mit roten Kirschen. Rückt im Sitzen
die Falle zurecht.
Ruft Kinder Kinder,
die in der Mitte ist besonders süß.

26

Einsicht
Das Wesen der Prostitution ist die Verfügbarkeit.
Die Zeit, die benötigt wird, um einmal durch
die Runde zu kommen.
Der Aufwand der reicht, gegen Sinn und Dauer
auf dem Damm zu bleiben.

Notwendigkeit
Französisch oder Römisch. Schwingende Acht. Mit oder
ohne.
Rücklings. Oder wie die Eskimos mit Nasen. Klammern.
Einen blasen.
Mundeln. Die Afrikanische Schere. Und so tun, als ob
nichts wäre.

27

Ärmel die Arme die Hände entlang.
Kremple ich Stoff über Haut.
Die ist Fläche,
weitporig streng. Wie ein Schachbrett gebaut.

Helle und dunkle Felder gibt es.
Für den Angriff und fürs Matt.
Die sind genau
und aufgeteilt. Auch an den Brüchen glatt.

28

Heute morgen hatte ich einen Traum. Der war silbern mit
rot.
Silbern das Band um den Kopf. Der, tot.
Eine Öffnung im Nacken. Mit Rändern aus Blut.
Und die Zunge zerkaut im Rachen. Vor Wut.

29

Das Licht in dem Zimmer war kleiner als der Raum.
Die Schwelle der Tür lag im Dunkeln, und als er mit dem Fuß an ihr hängenblieb, klatschte er vornüber und schlug mit dem Gesicht auf die Dielen.
Das Nasenblut schmeckte er im Mund, und als er es ausspuckte, war ein Fleck auf dem Holz des Bodens.
»Merda.«
Der italienische Fluch kam gebrochen, da die Zunge mit der Flüssigkeit beschäftigt war.
»Dieser Mist.«
Er wischte mit dem Ärmel des Sakkos die
Nasenöffnungen entlang
und zog hoch; spuckte erneut aus und
scharrte mit dem Fuß darüber.
»Warum, verdammt, ist es hier
finster und warum sitzt du so da.«
Er ging auf den Tisch zu, beugte sich über die Platte und zerrte an den Vorhängen des Fensters, vor dem der Tisch stand.
Gleichzeitig lief Blut aus der Nase und tropfte nach unten.
Er zog hoch, hoch und hatte nun alles wieder im Mund.
Die Gardinen gingen nicht nach außen weg;
der innere Gardinenring war mit einem Nagel fixiert.
Den Mund voller Blut, machte er einen Schritt auf den Stuhl zu und legte den einen Arm um die Schulter.
Die war hart; dünn, und im Gesicht, in das er schaute, waren die Augen offen.
Im Schoß, auf der Kittelschürze, lagen ein Filzstift, eine Dose und eine Paranuß.
Zu Füßen ein Notenblatt:
Konzert für Marimbaphon und Orchester/
75/76/1. Alleingang. 2. Stilleben. 3. Einschluß.
4. Ein DDR-Bürger (nicht) in Amerika.

30

Es waren zwei Deutsche Kinder. Die hatten einander lieb.
Und eins ging in das andere Leben. Und eins blieb.

Es waren zwei Deutsche Kinder. Die hatten einander nicht.
Und eins war des anderen Schatten. Und Licht.

Es waren zwei Deutsche Kinder. Die hatten einander Not.
Und eins war zwiefach dem andern. Und sein Verbot.

31

Zum Völkerball gehören zwei Parteien.
Die werfen sich gegenseitig ab.
Und der letzte Wurf bestimmt den Sieger.
Von zweien gewinnt einer knapp.

Der Preis: ein Negerkußbrötchen.
Ein Lebensmittel für den Vormittag.
Und danach ein kleiner Frieden.
Den keines der Kinder mag.

32

Es drischt der Stock die Heizungsrohre lang.
Lack platzt ab. Eine Spur im Keller.
Bis unters Dach hangelt sich der Klang.
Und je höher er steigt, wird er schneller.

Das Haus steht Kopf; Türen klappen.
Keiner fragt. Aber alle sich selbst.
Es folgt ein Verketten. Riegelschnappen.
Und ein Lauschen, das durch die Betten wälzt.

33

Erste Hilfe. Bei Bedarf und nur solche,
die faktisch machbar ist.
Anscheinend
Scheinbar
Fadenscheinig
Schimmer
Fluchthilfe. Anhalten und im Mittelstreifen
den Kontakt suchen.
Hoher Norden
Tiefer Süden
Ferner Osten
Wilder Westen
Winterhilfe. Im Muff vorm Bauch Dürers Hände.

34

Die Parks sind sächlich und sagen
kaum, du betrittst sie, ein Wort.
Zerlumpte Bäume kümmern auf Drainagen
darin fließt gereinigtes Wasser fort.

Das Gras ist gespritzt und kalibraun
Büsche hocken herum wie im Zoo.
Schotterwege zerknirschen sich so
als führten sie an den Metallgitterzaun.

Aus. Da kann nichts spinnen.
Die Menschen nicht und nicht das Tier.
Wenn die Wetter kälter werden. Drinnen
ist außerhalb vom ich das wir.

35

Acht Finger. An jeder Hand vier.
Zwei sind verlorengegangen. Mir.

Zwei Arme. An jeder Hand einer.
Verlorengegangen. Keiner.

Herzarm Schlaghand. An jeder Hand Schnitte.
Paarweise getrennt. Aus Mitte.

36

Einen auf die Zwölf. Kannst du immer haben.
Wenn du Schläge brauchst, mußt du es nur sagen.
Mit der Linken reiß ich dir die Augenbraue auf
Mit der Rechten dresch ich auf die Magenwände drauf
Aus dem Knie den Stempel ins Gesicht.
Dir wird finster
Mir Gedicht.

37

Die Wendel bringt und nimmt.
Die Wagen stehen still und in der Reihe.
Liegt ein weißer Strich am Boden flach.
Und teilt die Box in zweie.

Die Fächer haben Nummern.
Sie sind nach hinten zu und vier Decks lang.
In einer Flucht. Abfallend hin zur Mitte.
Zum Feuerfluchtfußgängergang.

38

Das Hospital ist unterkellert.
Zum Heiligen Geist. Zur Jungfrau Marie.
Hospitalismus ist Migräne:
Erst lachen sie Tränen
dann weinen sie nie.

39

Die Stadt,
die schneller als ein
Menschenherz sich wandelt.
Den Code vorgibt: Lebendigkeit
Ist Brüllhaus
und mit Selbststellern zerschandelt.
Die wollen nichts.
Die paaren nur zu zweit.

40

Noch sitzt Stein auf Stein
Konsorten finden Halt in Fugen
Der Weg nach oben will beschwerlich sein
Für die, die vorher Stein um Stein abtrugen.

Die Regel lebt vom Amalgam
Aus für und wider. Und zurück
Begleitet auf dem Weg die Scham
Den Täter. Nur ein halbes Stück.

41

Die Ebene der Zeichen ist verarmt.
Armut macht hart den Blick und scheuer.
Der Knutschfleck auf der Schulter sitzt und blüht. Ist
Das Brennen der Haut vom Feuer.
Anmut lehrte das Empfangen.
Leidenschaft nicht den Verstand.
Und so zogen engumschlungen
Muttersprache Vaterland.

42

Wer Kleidung trägt, der gabelt auf
Der kennt die Speisen. Und die Leckerbissen.
Da nimmt der Hunger seinen Lauf
Folgt nach Verzehr kein Biß in das Gewissen.

Ist Liebeszwiesprache Fadheit
Der Kampf der Gegensätze, Ironie.
Da schweben die Augen der Esser und landen
Aufwärts der Knie.

43

Im Preis liegt scheinbar nur der Frieden
Die Ware wird gekauft und umgesetzt
In Panoramen lernt das Leben siegen
Und in den Kinos danach totgehetzt.

Die Lotterie spielt Lose, die sind leer
Modepuppen schieben für den Blick Reklame
Männeraugen blinzeln träumend hinterher
Und wünschen sich den Automat als Dame.

Geliebt wird mit Ferment
Und steigt der Unterleib, fällt sie hernieder
Die gleiche Absicht machts, daß man sich kennt
Und Langeweile. Der Ausverkauf der Lieder.

44

Erst stehen sie auf; dann fallen sie um.
Von oben ist der Weg schneller.
Und ich gehe herum und sehe
den Sturz in den Keller.
Blicke die Abfolge der Bilder:
Der Körper im Flug macht sich krumm.
Der Aufschlag ist früher als das Geräusch. Und stumm.

45

Gesucht wird der Mann,
der
seinen linken Arm
nicht heben kann.
Der,
so die Legende,
unter seiner eignen Achsel verschwände,
im Schweiß.

Falls man ihn sucht.

V

Sturmtruppen

Ich sah einen Fischteich in Flammen stehn
Ich sah ein Schloß zum Edelmann gehn
Ich sah einen Ballon aus Blei auffliegen
Ich sah einen Sarg tot auf der Straße liegen
Ich sah zwei Spatzen beim Pferderennen mitlaufen
Ich sah zwei Pferde Schleifen binden und Schlaufen
Ich sah ein Mädchen, das wie eine Katze war
Ich sah ein Kätzchen mit einem Hut auf dem Haar
Ich sah einen Mann, der das auch alles sah
Und sagte, sehr sonderbar zwar, aber wahr.

Volksreim

Sturmtruppen I

Jeder Satz Fläche
Jeder Absatz Mauer.
Es springen die Wörter auf den Punkt
Und genauer.

Sturmtruppen II

Hohn muß sein. Die Trägheit ist zu seicht fürs Sterben.
Er holt alle ein. Auch die Erben der Erben.

Beispiele im Tagebau zerlegen. Weniger fliegen; mehr
gehen.
Zweifel hegen. Die Absicht in der Vorsicht sehen.

Mienen verziehen. Eine Leiter steht und hakt fest.
Nie wieder fliehen. Der Schluß sitzt im Rest.

Trommelfeuer

Piraten auf Schubbooten; im Brahm vornweg das Lazarett.
Marsch Marsch.
Der lyrische Krieg bombt gegen die eigene Stellung. Angriff.
Fetzen fliegen; Splitter durchsieben Kopf und Kragen.
Das Sagen haben Wunden. Das Klagen Töne.
Schöne Schlacht.

Händel

Ich habe ihn nicht gekannt und hätte ich es, ihn nicht
gemocht.
Verruf ist keine Kaution.
Und so Missingsch er sprach, schrie
hieb, verfehlte nie
die Absicht der Animation.
Kindermann
fang nie im Mai
Händel an.

Charakter

Realität ist komplizierter als Theorie.
Gegenwart besteht aus Vergangenheit Richtung Zukunft.
Der Sittenkodex entläßt nie
die Auskunft der Herkunft.

Gattung

Herz am Arsch. Hilfsschüler pausen Millimeterpapier.
Schutz Scham Schmuck. Im Zickzack aus dem Ich ins Wir.
Reale Kleidung. Weinburgen trocknen aus; sind still.
Eine Reihe von Knöpfen, die Leiste sein will.

Das Gerade und das Krumme, ein Paar.
Die Enge und die Weite, beide wahr.

Brigadefeier

Kaum in die Augen
Kaum ans Herz.

Vielmehr die triste Variante:
Po Geschlecht.
Dünnes helles Blut schlägt an den wichtigen Stellen;
platzt nicht aus der Bahn.
Schiebt Fleisch ineinander und drückt
vor Weh die Lust
zum Stillstand.

Schanze

Blume schimmelt.
Wasser riecht nach Gas und kippt um.
Beide. Eins wie das andere verliert an Pracht.
Drumherum.

Lebensraum

Wenn die Form platzt, geht der Inhalt flöten.
Leitbilder kriechen nach vorn und vornweg.
Kameradenschweine spielen Schinkenklatschen.
Und gegen Hunger kochen Erbsen mit Speck.

Die werden geschlungen verlöffelt.
Statt Brot tunkt den Rest Depression.
Kauderwelsch feiert Triumphe. Ist Zelt.
Und Niederlage ein Lohn.

Strafmaß

Zwei Personen sind juristisch eine Gruppe.
Die Strafe erhöht sich in jedem Fall.

Der Ersttäter beneidet den Rückfalltäter ob seines Wissens.
Der Einzeltäter den Gruppentäter ob seiner Mittäter.
Der Wiederholungstäter neidet seine vorherige Tat der
jetzigen als die bessere.

Nachtmahl

Und die eine sprach ins Gegenüber: Du bist schön, schräg,
rund.
Und die andere hörte das Werben der einen und sagte:
Schund.
Drehte sich um; ging aus dem Raum, fort auf Straßen und
Plätze.
Trank aus öffentlichen Brunnen Wasser und dachte:
Die frißt.
Verschlingt
auch Reste.

Windkanal

Wessen Sprache du sprichst; dessen Gut du trägst.
Großgrundbesitzer ohne Land.
Kaputte Typen bauen die Frieden. Und Verträge unter der
Hand.

Unheimlich gelassen schwirrt ein Kolibri gegen Wind;
bunt wie das Flugkleid der Busch aus dem er stieg;
wo Blätter Tarnungen sind.

Betrug

Spucke zwischen die Beine. Wasser vom Hahn.
Eine Mucke alleine ist keine Achterbahn.
Absicht steht vor Wille
Nachsicht gleich nebendran
Vorsicht tauscht mit der Pille
Auch den Mann.

Vorschau

Es kommen diffuse Wochen auf uns zu. Die Forderung des Tages:
Es nicht, du.
Die Lachmaschine treibt die Kolben an. Das Öl im Stutzen reicht
Für jedermann.

Maulhure

Ein dünner Grat. In offensiver Gangart Kippe: Balance.
Entlang, hin ans andere Ufer.

Didaktischer Kitsch steht Spalier. Handschmeichler öffnen Fäuste.
Eine Maulhure begrüßt. Und bietet mit dem Mund das Neueste.

Niet- und nagelfest. Hirngespinst stolpert ins Loch.
Eine Leiche ist eine Sache. Eine Angelegenheit doch.

Edel

Schauspieler im Darsteller
Rolle als Spiel gegen sich
Abkunft der Auskunft
Ich meiner mir mich.

Dreierskizze

Sprechen Schreiben Schweigen eine Treppe.
Von wo, wohin.
Ist der Weg vom Sprechen zum Schweigen geraumer;
oder der vom Schweigen zum Sprechen hin?
Und Schreiben: Wer schreibt der bleibt,
bei zwei Richtungen der Kern in der Mitte.
Sprechen und Schweigen als Mantel;
Schreiben geschrieben. Keine Bitte.

Physikalisches Gedicht

Beschämt, als Krankengut tituliert
liegt der Schwimmer im Spital.
Beine abgestorben. Finger ohne Gefühl.
Das Gesäß im Schwimmring wund.

Er schaut auf den Regen der rinnt
an den Scheiben und sinnt.

Mäander

Sich winden sich schlängeln. Auf Umwegen bergab.
In Krümmungen ausgespült und wund von Wirbeln.
Kurze Strecke mit viel Lauf.
Kühlsystem Heizsystem Nervenbahn
und der Hang hin im Gefalle.

Wissenschaft

Magie ist eine Illusion. Die Welt
mit Hilfe von Wörtern, Rhythmen, Bildern und Zeichen
zu beherrschen.
Die Vorstellung einer Fernwirkung, eines Kraftfelds
gilt als nicht geschrieben.
Geblieben, eine Batterie.

Sehtest

Eine Domäne der Fallensteller ist der Blindensturz.
Treppauf Treppab.
Der Bildausschnitt wird kleiner
Der Blickwinkel steiler.
Selbstgespräche herrschen vor; Monologe nach Duden.
Landein Landaus Landabwärts.
Wird geschaut, geblickt, von einer optischen Täuschung
zur nächsten geschielt.

Figur

Fallada, wie du hangest überm Tor.
Dein Name sei wahr; deine Worte Chor.
Hans (im Glück). Ein abgeschlagener Pferdekopf,
der spricht.
Gelöste Rätsel sind banal. Märchen nicht.
Kleiner Mann, was tun?
Mit Bomben gegen Bonzen.
Schwere Wasser. Saum.
Immun gebliebener Clown.

Sabotage

Man kann nicht über alles reden; ein Punkt bedeutet Ende.
Im Aufriß ähnelt vieles sich
Im Umriß trennt das wir das ich
Im Abriß fallen Wände.
Dispatcher halten Bedürfnisse klein.
Grimassen flößen Abscheu ein.
Und schlau verlangt ein Knirps: Genau
für einen Groschen Hau mich blau.

Gesetz

Der dumpfe Druck der Quetschung;
wer lag im Graben und schrie nach Verband.
Im Werden auch sollen.
Der Bogen sinkt nicht ein,
weil alle Steine auf einmal einstürzen wollen.

Faltpapier

Grabbe.
Torso einer Zwischenexistenz.
Nie abgeschickte Briefschaft, ungestempelt, mit Marke.
Liegt in einem Fach, gleich einem Kasten, die Abrechnung
    einer Weile, einer Dauer.

Landschaft nahe der Ebene.
Darüber ein Papierflieger; drüber und drunter Meer.

Ritual

Hoch Zeit, Hochstand.
Im Anstand der Jäger;
mit dem Auge hinterm Lauf.
Sprung und Flucht schnellt davon: Alles steht.
Und schweigt und Knall und Fall.

Kompotte

I

Der Sprachdenker verliert im Konterfei sein Profil.
Versucht mit den Händen einen Rest zu halten.
Modelt auf kleiner Flamme.

II

Die Bauchdecke klafft unter der Primzahl. Schrill der Ruf nach Hundert.
Gespannt auf mathematische Lösungen.
Bande für Bande.

III

Sieben mal sieben ist knapp die Hälfte.
Sechs mal sechs gerade ein Drittel.
Was fehlt biegen wir zurecht:
Zweck heiligt die Mittel.

Ver,werden

Kinder werden verschickt
Einbrüche verbrochen
Mutmaßungen werden verklickt
Ängste verkrochen

Strafen werden verbüßt
Chancen vertan
Träume werden versüßt
Dinge verfahrn

Existenzen werden verkracht
Absichten verbraten
Regierungen werden verlacht
Fluchtgepäck verladen.

Paternoster

Wer klein ist, muß sterben.
Wer groß ist auch.
Es steigt aus den Essen der Öfen Rauch.
Jede Haut brennt, krustet, bricht.
Jeder Laut verliert sein Geräusch im Angesicht
des Rosts. Durch den die Aschen fallen.
Funken stieben. Himmel lallen
vor Freuden.

Kindernovelle

Stöckchen und Steinchen haben einen Zwist.
Wem welche Eigenschaft ist.

Stöckchen: Bin biegsam und leicht,
schmiegsam zugleich.

Steinchen: Bin kantig und fest,
körnig im Rest.

Stöckchen und Steinchen hatten einen Zwist.
Wie anders das eine dem anderen ist.

Rabatte

Reiner Schwindel die Serie.
Grundwörter sind in Speichern vereint.
Hapax ist Paspel. Materie.
Im Corpus doppelt verneint.

Matrix der Nomenklatura
Masse der Sprecher in ihr.
Nur Allegorie die Matura
Shakespeare: König Lear.

Ich: kommt von einem Du
    und vom Wir; uns zu.

Zinnen

Wind ist schnelle Luft. Duft
auch vom jeweiligen darunter.
Nimmt die Nase wahr. Haar
zerrt am Schädel. Mädel
jetzt sein im Kleid. Leid
die Hosen, die schlackern.

Gestern von dem Winde verweht; heute gegen ihn ackern.

Kitsch

Eine Erfindung meiner Feinde ist die Schönheit aus Irrtum.

Wiederholungen Regeln werden
Vorwärts sich erschöpft in Kommastellen
Verlangt es nach Zensur.

Gegen besseres Wissen hinzulangen.

Staffage

an Jägersberg

Strumpfhosen
Hosenröcke
Kittelschürzen
Hemdblusen
Requisiten für eine Irritation.
Die einen sind dagegen; die anderen tragen das schon.
Lust ist für das erstere: Wer gewinnt wünscht nicht Verlust.
Da sind Erfolge Zuwachs. Syndikate Trusts.

Traum: Wer gewinnt hat auch immer verloren.
Wer verliert kann noch tun.
Hähne krähen auf Komposten. Nach dem Huhn.

Abschaum

Was fehlt Ihnen. Was haben Sie.
Eine Frage im Wandel.
Die Differenz des Umbruchs kommt mit Gewinn in den
Handel.
Patient Klient.
Die Grammatik der Hilfe wird zum Gram.
Die Laune verbringt ihre Stimmung bedeckt. Aus Scham.

Katzenjammer

Den Trampelpfad entlang (Schleichweg zwischen
zwei Bezirken.
Brandmauern säumen;
Wasserlachen netzen)
Sprang die Katze und schrie: Nie die Bande. Nie.

Ballistik

Die Lehre vom Flug: das Geschoß.
Nichts trifft sicherer als Absicht.
So der Steigstein an Mauern.
So die Sorte Mensch.

Und zwischen Roßmarkt und Kornmarkt
wurde aus einer Abgeordneten eine Hure.

Leiharbeit

Für Kurzweil sorgt der Blick, der steigt.
Klagen gilt als nicht geschrieben.
Der Nutzen kampelt und schliert ab.
Wo haben wir uns hinverstiegen?

Feinde duzen ihre Freunde.
Nymphomanisch dann der Ruf: genug.
Ein Spitzname trifft die Sache:
Schlägst du die Sense; oder zerrst du den Pflug?

Notaufnahmeverfahren

Er kam aus: hinter der Mauer.
War drauf und dran.
Im Westlichen ein Tier zu werden. Von nun an.
Er kam aus: hinter der Mauer.
War runter und fern.
Lief die paar Schritte im Zwinger. Zu gern.

Rangfolge

Begehe keine Fehler. Schon der Versuch wird Strafe
und ohne Rückkehr sein.

Gesellschaften tanzen aus Mut ihr Geschick
nach dem Tangoprinzip:
Einer führt; einer folgt.
Den Kopf im Genick.

Ensemble

Personen mit niedrigem Einkommen bevorzugen:
Glatte Stoffe
Schokolade
Starke Parfüms.

Personen mit höherem Einkommen:
Unregelmäßigen Geweben
Bitteren Substanzen
Leichten Parfüms den Vorzug geben.

Übergang

Berge steigen in der Stadt und dann
weiter übern Kamm.
Vor der Kreuzung ein Wanderer,
schaut die Schaltung an.
Keine Sagen.

Zwei Werte hat ein jeder:
Den einen lernt man nur kennen aus sich selbst,
den andern muß man erfragen.
Ich. Das ist ein anderer.

Laufgraben

Heim und nebenan Heimat.
Eine doppelt gedachte Geographie. Hebe ab und lande:
darüber nie.

Es zieht eine Kolonne von Originalen
gestützt auf Kopien. Querfeldein.
Und die Staubfahne der fahlen
Gestalten. Sollte ein Anbeginn sein.

Akademie

Ein deutscher Dichter, dem Realismus verpflichtet,
schreibt im Auftrag der Sektion Dichtung ein Gedicht.
Das Bergwerk: Rumpel die Pumpel
Weg warn die Kumpel.

Semikolon

Bremser auf überlangen Zügen.
Bei Talfahrt wichtiger als Lok und Koks.
An Kurven zwei Strich zu; auf Strecke zwei weg.
In der Senke der nächsten Abfahrt gedacht.
wird die Bergfahrt zur Pose, zur Schnecke gemacht.

Selbstkritik

Ein Schwarz; ein Weiß.
Weg nur in eine Richtung.
Es ist wie wenn du schreibst im Kreis.
Und meinst Dichtung.

Gegenrede

Volkstümliches, althochdeutsches Wort deutsch.
Völkerzusammengewandertes Reich einer Nation.
Vormals heilig, römisch.
Zwischendrin imperial.
Jetzig ein Kessel Buntes.
Huscht eine Rede durch den Sinn: Mit Spießen und mit Stangen
Mitgegangen Mitgefangen Mitgehangen.

Konfliktkommission

Fragemänner. Geschickt geschickte Wegleimer.
Nach dem Plattenrecht Drangsal; noch und nöcher. Den Kopf unterm Arm.
Den Krempel umkrempeln, kein Türmen: Stehen.

Rotwelsch frißt in Zinken. Es könnten die Augen übergehen vor
Klatschen und Winken.

Dinggedicht

Lauern. Im Sprung verharren; Abschlag sein.
Den Mund bedeckt die Hand
Die Hand der Ärmel
Der stört.
Immer dann, wenn Finger den Pfiff ansetzen.

Vorfeld

Zwei Gehirne, die Leben lieben.
Den Abgott im anderen seiner Gestalt.
Und sie betrügen beim Biegen der Vorgabe;
verschieben die Pause zum Halt.

Zwei Gehirne, die Leben lieben.
Und waschen sich die Pigmente heraus.
Gescheitert zeigen sie die Bleiche;
verbieten im Gehen den Lauf.

Zwei Gehirne, die Leben lieben.
Die Parabel vom besseren Ich.
Und werden im Werden kriegen;
gegen sich.

Anatomie

Eine höhere Tochter im Dschungel Inzucht.
Beliebigkeit tauscht Stellungen aus.
Der Marsch durch die Körper ist nicht verwandt. Herz ist
Ost; Kopf Westdeutschland.
Das Kinn, wir sind beide Lügner und schwindeln uns
aus dem Leib heraus.
Hals über Bein; kurz über lang.
In der Dauer liegt die Stärke Abgesang.

Kontrolle

Augenmaß für Verwirrung. Augenmaß für Lug.
Sprechbare Kommentare. Stottern ist Betrug.
Traute zeigen.
Das Kollektiv reicht gefälligst Händchen.
Heimwärts schauen. Der Blick
ist die Neige des Menschen.

Liga

Flecken erwachsen aus Rändern
Reklame für Inseln im Land.
Kriege durchdringen und ändern
den Blick. Der den Verstand.

Die Himmel durcheilt ein Messer
bis an das Heft im Schnitt.
Die Riege der Butterbrotfresser
kommt bei Fall aus dem Tritt.

Hommage

Er war Kritiker von hohem Range; hielt in der Einsiedelei
einen Hund.
Der trug Halsband, ging an der Leine. War scharfgemacht
auf Bunt.
Morgens, gleich nach Erwachen, führte der Mensch
das Tier ums Karree.
Es erledigte Siebensachen. Im Schnee.
Bei Sommer, der erste im Jahr, gleich nach Erwachen das
gleiche.
Zerriß Tier Halter. Zur Leiche.

Ramsch

Übersetzer aus dem Deutschen ins Deutsche der Sprache.
Kern der Mitteilung ist
das Unmittelbare. Das Wahre sind Worte.
Der Stoff der Dinge teilt sich mit
und benennt in Namen oder durch diese hindurch
den Gegenstand, die Sache, den Adressat.

VI

Gambit

Schaltuhr

Bomben damit gezündet;
Fenster erhellt.
Eingeschlafen über Winterspelt.

Sirene. Ton im Nennlicht Nacht.
Geschaltet.
Nicht gedacht.

Himmel und Hölle

Breitbeinig: und Einbeinige Sprünge. Krude Drehung;
Reigen an sich.
Unfehlbar das Urteil: Standrechtlich.

Video

Das Kindesalter wird immer mehr.

Abgelegt im Skat. Leben die einen von dem Vergessen;
andere von der Erinnerung. Schwunghaft
der Handel mit Ideen.

Und der vom Garaus.

Die Heraldik der Postmoderne kommt
ohne Wappentiere daher.

Imperativ

Erfinde Kosenamen für Kinder.
Drei Stück wenn es geht.
Lerne geschwinder
und merke: den Punkt der dich hegt.

Behalte an fremden Dingen
die Distanz; die prägt.
Nur so gelingen
Kämpfe. Und ein Halt: der trägt.

Mikado

Es schreiten Himmel
Es ziehen Wasser.
Grell färbt die Luft
Das Land; blasser.

Speihähne kotzen Brocken
Wollen wir, wie es ist?
Ein Schiefer fällt vom Dach
Absicht, List?

Mord

Ich habe genossen
Ich habe erschossen
Ich habe begossen
Dich, im Grab.

Ich habe bewacht
Ich habe belacht
Ich habe bedacht
Uns, mit Fluch.

Ich habe begreint
Ich habe verneint
Ich habe geleimt
Mich, mit Dir.

Wirtschaft

Ein Gedicht ist ein Abendessen,
wir haben beides nicht zu oft.
Doch wollen wir daran nicht messen,
die Folge und die Wirkung dessen,
was in uns frißt, ja nagt und hofft.

TipAids

Blasen ist modern; die Frauen
trauen (beim Kauen)
dem Sieg.
Niederschlag des Mannes mittels Mund.

Zeitgeist lobt. Befindet: sauber. Gesund.

Schnittmuster

Die Wärme der Kleidung; die Kälte der Welt.
Zwei Kerne. Gleich im Motiv.
Nichts kann alles bedeuten: ein Lot
mißt die Höhe. Vom Tief.

Allerbanalste Geschichte.
Vita vom Witzemann, der säuft.
Ichposition in der Grenze:
die durchbrochen verläuft.

Stoisch

Mauern schleifen. Im freien Spiel der Kräfte. Siegen.
Tschitscheringrün lieben. Lider zusammenkneifen.
Kreuzvers: Hinlangen, die Kehle im Griff.
Segeln mit dem Kiel überm Riff.

Schattierungen gemieden. Die Sucht nach dem komplexen
Klang.
Sich verstiegen. Angst und Bang.

Artist

Bildende Kunst Leben:
Strich ist nicht Fläche;
nie geführte Linie.

Viele ergeben Raum.
Am liebsten coloriert. Und
groß. Und kaum.

Musik

Schall ist Naturgeräusch; Ton Werk des Menschen.
Eins das Andere regieren.

Gleich jenen halbwüchsigen Mädchen,
die unter der Pubertät nach besonderen,
verworfenen Speisen gieren.

Selbst

Auf dem Platz er.
Teilte, keilte.
Hinterließ frischgespitzte Bleistifte;
Form B 12 und Graphit.

Die Eisen: für die Tritte.
Schritt einer ein. Die Mitte
hat keine Lichtung.
Selbst Sprachigkeit Dichtung.

Sprachdisziplin

Die Augen der schwachen, nervösen Menschen schließlich, deren sinnlicher Appetit auf gebeizte und geräucherte Speisen aus ist, die Augen der überreizten und hektischen Leute lieben fast alle jene aufreizende, krankhafte Farbe mit dem falschen Glanz und dem herben Fieber: Orange.

Mimikry

Geschickt, mit Absicht versehen hadert das Talent.
Mit der Paßform und skandiert Poetisches als überwachte
Freiheit.

Ein Fremder ist immer von außerhalb.
Aus der Kuh drängt mit den Füßen zuerst das Kalb.

Den Eindruck erwecken, man sei aus dem Gröbsten raus:
Und dann gestellt, gefällt und aus.

Kanon

Zuviel Kleingeld.
Verminderte Wahrnehmung minus
erweiterte Erkenntnis.
Subpopmodekultur.

Ein diabolischer Einfall an sich.
Fungil die Schöpfung: einheitlich.

Klassiker

Naturalistische Personen vom Schlag eines Reich.
Leben. So Eich.

Der schrieb: seid Sand im Getriebe; nicht Öl.

Vier B.

Feuer diktiert auf dem Lande die Nacht.
Zahllose Brücken abbrechen.
Und während darüber nachgedacht;
beginnt die Zeituhr zu stechen.

Ein kurzer; ein langer Lauf.
Benn gibt Bronnen zwei Rollen Veronal.
Becher ist gegen Ausverkauf.
Und Brecht will es episch. Die Qual.

Bummms ohne Inhalt. Knall an sich.
Leere mit Tempo. Einheitlich.

Die Generation Flakhelfer

Die alten Männer mit den krummen Rücken.
Die Haare dünn und weit zurück.
Die sich nach vorne bücken.
Die Eier in Aspik.

Die, die haben ihre Zeit verlebt.
Die könnten gehen und kein Hahn kräht nach.
Die über sich sich selbst erhebt
die Frechheit, die liegt längst da brach.

Gedicht

Koche in Kesseln auf Feuern Ochsen; runter.
Bis auf den Würfel Liebigs, der bleibt.
Schrumpfen Gebilde. Und munter
überdauert Konserve Zeit.

Die deshalb nicht stillsteht; gar flieht.
Zurück zu dem Wert: als Uhr.
Ein frühes Kind nachgreift. Und zieht
das ich von der Nabelschnur.

VII

Spitznasen

: daß die Augen gewisser Tiere, der Ochsen
zum Beispiel, bis zur Verwesung wie
photographische Platten das Bild der
Wesen und Dinge bewahren, die im Augenblick,
da sie starben, sich in ihrem letzten
Blick spiegelten.

Huysmans

Denkkehre

Entlassung
aus Dummheit.
Aus Not
eine Tugend.

Schreitet
der Nachkrieg
von Jugend
zu Jugend.

Modell Indianer

Glücklich ist wer vergißt.
Wenn sozusagen das Gehirn
durch die Nasenlöcher ausgepumpt wird.

Lebt man immer unter dem Blick
des größeren Bruders.

Könnten sagen: vermißt
ist jeder.

Der Typ des Dichters als Subjekt

Blutblaue Halle.
Jetzt kämpfen wir den Krieg.
Wer besteht klärt die Richtung;
nach dem Sieg.

Banden

Oh. Schmutz trifft sich.
Fieberstift möchte man sein.
Kastenpriester einer hohen Kultur.

Es brennt die Luft. Kluft, Zwischenhandel.
Stetig Schwertfisch sein. Not gebiert Wandel.

Keine Toleranz. Nein: Vergessen.
Alles was tief ist liebt die Maske.
Ist in sich vermessen.

Umsturz

Geflimmerter Gelbfilter.
Dort, wo er bündelt, glüht es.

In die Leiber rein. In den Schein.
Stein erweich!

Kein Rain trennt. Und: es ist beiden gleich.

Reinigung

Schritt zuviel. Gang zuwenig.
Deutsches Doppelherz.
Endkampfspiel. Schneider König.
Gestrichene Terz.

Habenicht. Und Tunichtgut.
Grimmsche Modelle.
Schwarzer Christ. Und weißer Jud.
Annahmestelle.

Forderungspapier

Praktisch bildbar. Profan der Krakel Gimmick.
Geld die Kehrseite von Schuld.

Das letzte Außen. Der Trick:

›Wenn er tötet, hinterläßt er keine Spur.
Wer tötet hilft; der hilft heilt.‹

Und antut: Freiheit für die Deutschen
in der Bundesrepublik und den Rest für
das Rote Kreuz.

Ins Gold geflüchtet.

Ingrimm

Zwei Tiere,
die einander nie gesehen haben,
wissen bei der ersten Begegnung,
daß nichts sie verbindet; als im Kampf der Tod.

Geblickt, genickt: verloren.

Jünger

Nur wenn wir Umwege einschlagen, können wir existieren.
Daß man Würde verliert, ist außer Mode.
Wenn früher ein Mensch und ein Sumpf zusammenkamen,
verschwand der Mensch. Jetzt der Sumpf.
Stehen ist Nichtumfallen;
der Grund, auf dem man steht, kann alleine der sein,
auf den man fällt.

Sinne zusammengebunden.
Worte, Koketterien.
Und ehe verschwunden.
Bist du verschrien.

Fonds

Habe mir heute, Mittwoch,
eine mittlere Ader
am linken Arm geöffnet
und Blut gegen den
Hunger getrunken.

Es machte satt.
Na schön.
So also kann man
aus sich heraus
leben.

Holzspielzeug

an Johanna

Die Seele schon immer gespalten.
Klaue und Huf.
Anders verkehrt.
Statt Stimme Ruf.

Andere Schnurren.
Die eher weh machen.
Und Sachen; die sich ergehen.
Im Lachen.

Ausflug

Ausläufer. Regionen enden am Saum.
Nischen bilden Faltenwurf;
sind gemeine Decke.
Aufwendige Verstecke.

Dauer. Teilt sich durch Art und Weise.
Handgepäck wird Sitzplatz;
im Gang.
Dieser Reise.

Freigatter

Gerissenes Wild. Im Firn
verletzter Fesseln.
Gestakste Kristallaugen
in dem Jahr.

Natürlich weiter im Trieb.
An die Futterstellen der Heger.
Geahnter Instinkt.

Unterm Schneegelock die Eisfinger.
Wieder und wieder.

Flamme

Tage voll Zirkus.
Es geben die Wasser die Ufer preis.
Brennt vielleicht ein Reis?
Nein, es sackt.
In Nässe kann Holz nicht glimmen.
So viele Stimmen.

Vakat beliebig;
ein einfaches Recht.

Gestell. Wesenheit paart Satz.
Fanfaren zu Beginn der Hatz.

Engelmacher. Verdrehtes, was nicht half.
Der Schuh im Nacken ist aus Boxkalf.

Abteilung

Krieger sind getroffen: Klappen zusammen.
Jeder hat jeden gedeckt.

Benommen geweckt.
In Trägheit harren.

Verschwommene Sicht.
Operierte Narren, die schreien: nicht.

Winter

Briefe schreiben; Briefe lesen. Es wird kalt.
Und der Wind streicht um Ecken ohne Halt.
Reißt die latschigen Blätter vom Ast; vom Weg.
Schlägt Räder: saugt Dreck. Ehe schneebedeckt
Schiffe passieren. Am Eisernen Steg.

Wetterleuchten

Wind in der Luft.
Duft über Wiesen
nach Wasser.

Hand am Schopf.
Kopf überm Kragen
einer Landschaft.

Bretonischer Hase

Auf der Wiese eine Plane.
Spankörbe liegen im Kreis.
Das Spiel beginnt. Und der Name
der Regel liefert Beweis.

Tombola. Der, der verliert, fällt.
Soeben noch ein Raunen
vermischte laxe Launen,
der Sieger nimmt und springt und: bellt.

Haltung

Wer Räusche sucht, der rodet
in den Vorhöfen des Todes.
Wer Träume meint, der glitscht
auf Spiegeln aus.

Hätte Griff in Sterne gerne.
Hätte Ferne. Weite.

Koppel

Leben wächst von Freude zu Trauer zurück.
Nicht einmal genauer. Das Teilstück.

Pferdchen. Wiesen sind grünes Gift.

Was benutzt wird glänzt.
Eingedankte Welt ergänzt.

Geschnittenes Geld. Einseitiges Guthaben.
Konvex Konkaven.

Rot

Liege unterhalb Schwarz.
Oberhalb Gold.
Ausblicke des Hammers.

Zirkele den Verein.
Ehre Ähren.
Tarnungen des Spanners.

Elegie

Engel erscheinen, um zu verschwinden.
Sind Mittler zwischen Dunkel und Licht.
Sichtbar im Kommen; im Gehen unsichtbar nicht.

Engel tragen niemals eine Krone.
Im Reigen schwach und ohne Würde.
Sind Flügel Rucksack. Tragriemen der Bürde.

Engel zwitschern vernehmlich keine Lieder.
Sie hausen mit uns; mental beglückt.
Sind ähnlich lebenden Personen ausgerückt.

Augenschein

Sehr lange Beine; gestützt von hohen Schuhen,
geführt in schwarzen Seidenstrümpfen,
die oben am Schenkel sich selbst halten.

Diese Beine, mit dem Auswuchs der Hinterbacken,
sind ein Traum.

Geblickt auf Prädikate die wir preisen.
Geschaut auf Attribute die wir sehen.
Es soll kein Auge ohne Gründe reisen;
dem Bilde folgen: nicht ihm widerstehen.

Antrieb

Ein Reiz ist verloren gegangen.
Wir sind verhangen
einer Phantasie.

Wenn sie, das Gegenstück von Geiz,
brannte nach Verlangen
ohne zu bangen;
verließ sie uns nie.

Dominos Schlaf

Lege deinen Kopf auf die Seite
krümme einen Arm zum Gesicht
ziehe die Beine an. Beide
tragen später ein Lebensgewicht.

Laß zu die Augen und träume
von einem Sterben. Es tut nicht weh.
Monde wechseln kaum ihre Räume;
ein Morgen kommt. Wach auf und geh.

Hefe

Er spielt mit all diesen Toilettengeräten,
die er einst auf Bitten einer Geliebten gekauft hatte,
die unter dem Einfluß gewisser Gerüche und Balsame
vor Entzücken verging;
es war eine hemmungslose,
nervöse Frau gewesen,
die die Spitzen ihrer Brüste in Parfüm badete,
aber in berauschende und zermalmende Ekstase
eigentlich nur dann geriet,
wenn man ihr mit einem Kamm den Kopf strich;
oder wenn sie unter Zärtlichkeiten den Geruch
von Ruß oder von Gips bei Neubauten
oder den Geruch von Staub,
auf den die ersten großen Regentropfen
eines Sommergewitters gefallen waren,
atmen konnte.

Verlobtes Deutsch

An Bühnen scheinen Menschen verzückt.
Sie brauchen Stolz auf Brettern.
Die Himmel tagsüber blau.
Weggedrehtes Licht blaßrot verneint.

Meint wettern.

Halbnackt

Schön weich, die Linie mit der Kurve vom Rücken.
Schön klar, das Schulterblatt.
Ich nicke.

Und während dem nach vorne Bücken,
dem Nesteln an sich selbst,
glücken Blicke.

Sehe mich satt.

Kindermund

Bin groß geworden in Nöten
die andere für mich durchlitten.
Die Zeit lag brach. In den Öden
haben Starke für mich gestritten.

Die wollten später, daß ich ihnen
den Dank ausspreche dafür.
Und: Leben sei besseres Mimen.
In der Pflicht liege die Kür.

Ja ja. So fällt der Mond in seinen Teich.

Möchte manchmal sein wie ich nie war:
so klein, so rein, so wunderbar.

Stilleben, arabesk

Am Brunnenrand ein Messer.
Dose, Kamm.
Eine Brille vielleicht.
Nein, besser
Schiefer und Schwamm.

Wasser weicht.
Krusten ab und Senken auf.
Kreide wird matt.
Stundenblatt.
Stur Blickwinkelverlauf.

Deutsche Farbe

an Reuter

Kachel: dieses Quadrat
von heller Stille.
Fugen wie Netzwerk parat.
Raster in Form und Wille.

Standard: Aufbau vom Bild
der Farbe.
Lückenlos Gedachtes gilt
blau. Schimmert die Narbe.

Beide: Täter der führt
und die Wunde.
In Absicht berührt
so. Händler und Kunde.

Schermulys Bilder

Sie sind so still; fast gleichen sie der Ruhe.
Und wenn der Blick aus beiden Augen springt.
Sind sie der Deckel einer alten Truhe
und schützen Inhalt ohne ein Getue
und wahren Form. Die selten so gelingt.

Sie sind wie Inseln einer fernen Gnade.
Fast hüllen sie wie warme Decken ein.
Und bei dem Wunsch, dies sei es nun gerade,
und einer Absicht, die sich dem so nahte,
tritt eine Haltung aus dem Bild. Wird Schein.

Notiz

Korn und Kimme
was auch geschieht
du wirst siegen.

Wort und Stimme
das Lied. Ist hier
halbverstiegen.

Zorn

Das Augensymbol:

der Pfeil, der zielt und saust und trifft.
Macht paff.

Fürwahr, da fallen keine Worte mehr;
sie liegen schon im Staub und leer
und doch nicht gerichtet.

Gesichtet das Geschoß;
gelichtet der Troß.

Zuerst der Fähnrich.

Besitz

Der Stammellaut: Schönheit des Menschen.
Danach gebrochen, verzogen, geknickt.
Ins Dasein genickt.

Stanze volle Breite.
Lanze nicht Gescheide.

Primitivste Form des Wechsels: Raub und Geschenk.

Sprechender Titel

Sprache; einzige Lüge, die nicht funktioniert.
Einzig hochgedrehte. Zweckgebunden akzeptiert;
sich zu kasernieren.

Vorhof, Schleifplatz und die Zellen.
Hohlraumgitter Distanzlamellen.

Und vertrauter Duft:
gesiebte, geliebte Luft.

Selbst

Denken im Rohzustand.
Problem gestundeter Zeit.
Über Strecken hinweg
Alleingang. Und nicht bereit.

Plan einer offenen Kammer.
Wir leben eben gedacht.
Und ein Ruf blitzt. Es schien gleich so,
als hätte das Ich gelacht.

Schonung

Wenn die erste Generation Nadelhölzer
auf Laubböden hochwächst;
ufert die Art aus.

Flurbereinigt steht die Reihe
gegen Wind und schmiegt sich nicht.

Zersplittert die Schäfte;
geknickt die Kronen: ein Anblick,
voller Grauen und Wut.

Wir können uns schenken
was wir nicht denken.

Fluchten

Erinnern.
Alle entscheidenden Schläge werden
mit der linken Hand geführt.

Nur wer die Landstraße geht;
erfährt von ihrer Herrschaft.

Überfliegen heißt:
an ihrem Index scheitern.

In der Improvisation liegt die Stärke.

In diesen Tagen
darf sich niemand auf das versteifen,
was er kann.

Hygiene

Hinauf Hinaus Hinüber.
Von einem anderen gezogen,
der ich selbst bin.

Tod und Feind
vereint. Wie es scheint
gar nichts.

Planer der Zeit.
Sind wir denn versifft
im Keime.

Flut

Es hantiert sich schlecht.
Esser in fremden Stuben.

Stille Wasser bilden Satz.
Einen vor den Latz.

Und: eines Tages werden die verlängerten Leben
die Lebenden ersticken.

Kein Nicken, kein ja.
Der Reim ist die Kante des Haltes.
Peitschenlaut knallt es.

Auch da.

Engelszunge

9. November 1989

Die Hörschnecke fädelt den Wortschwall.
Der schießt auf den Hammer und versprüht.

Spitze das Ohr.

Geplärre in den Tagen. Die Mauer fällt.
Und Grund waren nicht Klagen. Vielmehr Geld.

Klimax

Ende des Jahres beginnt ein Neues.
Welches am Anfang eines anderen endet.
So fort.

Wiederholung Stärke ist durch Regel.
Erschöpfung schöpft sich.

Es fallen aus den Augen Sätze;
die habe im Mund ich nie vernommen.

Der Himmel ist heiter. Luftverschwommen.

Selbstkritik

Mit harter Zunge gesprochen.
Die schneller war.
Schwüre halbseitig gebrochen.
Federn im Haar.

Gegen Treue Länderverzicht.
Außer Liebe.
Das Dunkel sieht man. Nicht
die Laube der Diebe.

Wir brauchen neue Bilder. Jetzt.
Köpfe voll Schilder. Zeitversetzt.

Zeugnis

Bin allein. Bin deshalb mehr.
Bin kein Kontakt. Bin Adresse.
Bin doppeltvernäht voll; bin leer.
Bin Schlag in die Fresse.

Haben und Sein. Ständig Pubertät.
Je früher sie wegbricht, ist es zu spät.

Kampf

Liebe vergeht; Erziehung bleibt.
Staat schöpft spät erst auch den Gewinn.
Kehrt um: die Regel Form und Sinn.
Freiwillig; was sich einverleibt.

Du. Warum ein Fall, der frei ist.
Warum Bleche am Katzenschwanz.
Nicht zögernd. Sondern kühn und ganz
gelingt dem Partisan die List.

Waldgang

Ich hasse dieses ständige Verneuern.
Das Mittelmaß bedingt sich schlicht von selber.
Kettensägen stolzen durch die Wälder.
Hart am Stamm. Aus Drehung eine scheuern.

Es ist nicht Verzicht auf Replik.
Der Knacks. Die Halswirbelmusik.

Appendix

Bring. Fürwörter für;
meide öffentlich.
Die angelehnte Tür.

Bring. Dingwörter Ding;
gib tausendfach erst.
Dann dich auch hin.

Basis

Im Werden ist Werten
der Orte laut.
Ist Rückkoppelung Stille.

Eine romantische Grille
vielleicht. Die seicht baut.

Sich aus dem Willen
der Erben.

Selber

Stehe und fliehe und bleibe
es ist Natur.
Die Pappel, die Eibe
neigen sich nur.

Liege und schwimme und drifte
wie Holz im Strom.
Die Bewegung der Lifte
sei Vordiplom.

VIII

Maul-Hure

Maul-Hure

Es war einmal
eine Frau.
Die hatte einen großen Mund.
Der ging über alles
und über sich selbst.
Er war gierig banal,
höhnisch und klug.
Sanft war er auch, wenn er schrie:
genug.
Dieser Mund machte Geschichte.
Ging ein in Film, Gedichte,
wurde wichtig,
wahr und ein Objekt.
Das vortrug,
sich verheizte,
erschlug den, dem es geizte.
Mit Worten:
mit Taten
allemal nicht.

IX

Eiserner Felix

Um endlich zum Schluß zu kommen,
muß man in der Liebe wie im Krieg
sich sehr nahe sein.

Napoleon

Rollendes Rad

Der Kranz verbrennt mit dem Sieg.
Und mit der Schmach kommt Gold; ungewollt.
Große Weiten flattern.

Klappern ähnlich ausgeschlagener Lager.
Maschinisten im Netzhemd mit Kanne und Lumpen.

Stößel pumpen. Fett mischt Wärme.
Und Kompression zuckt; geduckt.
Der Grauguß schlägt in die Wirbel.

Die Krähen

Es war Krieg
am Golf.
Die Menschen in Deutschland
schauten in die Ferne
über private
oder öffentlich-rechtliche Kanäle.
Die An- oder Absprache des Sprechers
jeweils war
moderat-depressiv.
Oder verhaspelte sich beim Schalten
der Leitungen von hier nach da.
Zu sagen und zeigen
gab es kaum etwas.
Die Zensur des Westens
löste nahtlos die des Ostens
ab.
Anstelle von Bildern
hörte der Zuschauer Summen.
Geldsummen,
die gezahlt werden müssen.
Von müßten
keine Rede.
Der Dollar
stieg
und die Finanz verdiente
glänzend.

Im Alltag der Welt
hier
folgte ein Gebet
dem nächsten,
und bei den
unzähligen Mahnwachen

machten Glühweinverkäufer
einen guten Schnitt.
Geburtstagsfeiern
wurden abgesagt.
Brigadeausflüge
eingestellt
und zu Fasching
ging ein Drittel
der Gaststättenindustrie
auf Endlich in die Pleite.

Hersteller
von Narrenkappen
meldeten Kurzarbeit an.
Ebenso Zeltverleiher
und eine ganze Reihe
Fluggesellschaften;
samt Gerät.

Die Juden
mußten sich so nicht wehren
und überließen die Arbeit
den Amerikanern.
Die Amerikaner
übten zum vierzehnten Male
die Intervention aus;
Europa
probierte die Pan-Union.
Arabien
war scheinbar geeint
in der Haltung.
Kameltreiber und Vormalige
zündelten mit Sprengstoff.
Lobten
Allah, Mohammed
oder andere Fassungen von Gott.

Es ging,
wieder einmal,
um Macht.
Also um ein Reich
und um die Herrlichkeit.

Hier schneite es.
Die Autofahrer
blieben im Matsch stecken
oder rutschten quer.
Bei Überbrückung
der Zeit im Stau schaltete
der eine oder andere
Radio ein,
und gab es gerade Nachrichten,
schlugen sie mit Fäusten
auf das Steuerrad
und weinten.
Die Perlen der Zähren
waren auch
die von Tausend
und einer Nacht.

Dem Frieden eine Möglichkeit.

»Dann doch eher Krieg«,
sagte Arbogast laut
und trat
auf die Straße.
»Bitte.«
Der geistesgestörte Nachbar,
Parterre,
lehnte aus dem Fenster.
»Nichts, Herr Plauen,
gar nichts.

Schließen Sie Ihr Fenster.
Sie sehen doch,
es schneit.«

Arbogast ging
nach links
in Richtung Park.
Auf dem Wege dorthin
fuhren zweimal Autos
ineinander,
und in einem davon
bellte durch die gesprungene Scheibe
ein Hund.
Es war dämmrig
und still
und ein etwas anderes Licht
im Schneefall.
Am Anfang der Anlage,
auf Höhe des Hochhauses,
blieb er
an einer Trinkhalle stehen
und holte Zigaretten.
Mußte sich leicht
nach vorne bücken,
um das Wechselgeld
mit der rechten in die linke Hand
zu streichen.

»Ja ja der Krieg,
Herr Arbogast.
Diese Raketen,
die kosten doch eine Menge
und treffen wohl kaum genau.
Wer soll das alles bezahlen.
Sie doch nicht
und ich auch nicht.«

»Sie nicht und ich nicht,
Frau Goldammer.
Das bezahlen die Russen.«

»Die Russen.
Die haben doch selber nichts.
Oder meinen Sie,
die schicken die Pakete einfach weiter.«

»Vielleicht;
vielleicht auch nicht.
Binden Sie Ihren Schal
fester.
Sie sehen doch,
es schneit.«

Arbogast ging
nun in den Park hinein.
Die Wege waren geräumt
doch kaum gestreut.
Das war gut so.
Er schleppte
sonst das Granulat
an den Sohlen der Schuhe
bis in die Wohnung
und dort,
auf den Holzböden,
knirschte dieses Zeug
wie verschütteter Zucker.
Knirschende Böden
und quietschendes Glas
waren für ihn akustische Reizschwellen;
wo die Haut sich stellte.
Ähnlich der einer Gans.
Er nahm

etwas Schnee
in die rechte Hand
und quetschte
ihn länglich zusammen.
Dann warf er
den Klumpen gegen einen Ast
und freute sich
über den herabrieselnden Schnee,
der eine Sekunde lang,
wie ein Vorhang,
in der Luft stand.

Dann dieses Geräusch.

Es kam
aus einer sehr hohen Platane
vor ihm.
Der Baum war schwarz;
voller Vögel.
Krähen.
Hunderte mußten es sein.
Sie saßen im Geäst
und hoben sich gegen den merklichen Himmel ab.
Sehr sehr große Krähen
schrieen in den Abend;
wie nach Hilfe.
Ein Lärm.

Da hinein
kam eine Frau ihm entgegen,
welche einen Schlitten zog,
auf dem ein Kind saß.
Dieses weinte
und stopfte
seine kleinen Fäuste

in die Augen
und gegen die Ohren
unter einer Kapuze.
Der Rotz der Nase
und die Tränen
liefen am Kinn zusammen.
Dieses langgezogene: »Maaaaaammaaa«
und die Wucht des Tosens
vom Baum mit den Vögeln
ließen Arbogast
den Schritt beschleunigen.

Es schneite
wieder stärker.

Der Weg,
den er ging,
führte am äußeren Gürtel
der Anlage einmal,
fast kreisförmig,
um sie.
Bei mittlerem Schritt eine Dauer
von einer halben Stunde.
Hunde kamen ihm entgegen,
und die Halter
mit den Leinen um den Hals.
Sie schienen wie Verurteilte
mit dem Strick.

Manchmal auch balgten
oder bissen sich die freilaufenden Tiere,
und dann war das Rufen
von Namen zu vernehmen.
Pfiffe
standen durch den weiten Abend,

und nur der weiße Widerschein
des Schnees spiegelte den fast vollen Mond.

Er ging;
wich hier und da Läufern,
die Laufen wie Lust empfanden,
aus
und faßte wieder und wieder
in den Schnee,
der langsam in der Hand
zu Wasser wurde.
Am Ausgang
des Parks,
der auch sein Eingang gewesen war,
klopfte er
mit den Schuhen
gegen eine Mauer.
Schneereste fielen ab,
und beim Aufschauen bemerkte er,
daß die Trinkhalle
geschlossen hatte.

Der Autoverkehr
rutschte immer noch vor sich hin,
und der geistesgestörte
Nachbar Plauen,
Parterre,
fing,
bei immer noch offenem Fenster,
mit der Zunge
Schneekristalle.

In seiner Wohnung lief,
laut,
der Fernseher gegen sieben Uhr.

Das Geräusch

I.

Von Basel nach Westerland.
Der Zug fährt.
Und außer
an Bahnhöfen
gibt es daraus
kein Entrinnen.

Er hatte dies
nicht bedacht.

Stieg mittags
in Frankfurt am Main
ein
und wählte für die Fahrt
nach Norden
einen Großraumwagen.

Zwei Anhänger
hinter dem Speisewagen.
Der Trennung zwischen
Erster und Zweiter Klasse.
Sein Billett
galt für die letztere.

Verstaute den Rucksack
in der Ablage
über sich
und nahm Platz
im fast völlig
besetzten Waggon.
Unter Raucher.

In letzter Minute
erklommen zwei Jungs
den Wagen.

Suchten freie Sitzplätze
und fanden sie
im Mittelteil,
Raucher,
da wo ein einziges Mal
die Sitze sich einander zuwenden
und eine Mittelkonsole
zum Tisch wird.

Ein älteres Ehepaar,
welches auf zweien
von den vier Sitzen
schon im Gegenüber saß,
rückte zum Fenster auf
und überließ den beiden
die Plätze zum Mittelgang
hin.

Die jungen Männer
stopften längliche Sporttaschen
in die Ablage;
stellten zwei Sechserpacks Bier
auf den Tisch
und Walkmans mit Knopf-Ohrhörern.

Diese beiden Jungs
waren ihrem Äußeren nach
Skins.

Rasierte Schädel
mit Stirndollen;

Bomberjacken,
engen Militärhosen
und Springerstiefeln.

Die Kluft war identisch.

Die Bierpacks wurden aufgerissen;
die Walkmans angeknipst;
die Knopfhörer in die Ohrgänge gedrückt.

Geräusch
erfüllte den Großraumwagen:
Heavy Metal.

II.

Er ahnte Schlimmes.

Wollte lesen;
sechs Stunden Zeit
der Reise mit Vorbereitung
für den Abend zubringen:
aus Büchern
Gedichte auswählen.

Diese später vorzulesen
in der Stadtbücherei Niebüll;
Beginn 20 Uhr.
Ein Vorleseabend.

Der Zug fuhr.

Er sah durch das Fenster
die hessische Landschaft.

Den kurz auftauchenden Bahnhof
Gelnhausen
und ein Schild:
Fulda.

In den Händen
hielt er die Bücher.
Unfähig;
sich auf diese einzulassen.
Hörte das Dröhnen
der Schlagzeugwirbel
aus den Köpfen
der beiden Gesichter
Rhythmus und Trommel
schlugen die Bierbüchsen mit.

Halt in Fulda.

Das ältere Ehepaar
begab sich auf Platzsuche
in andere Waggons.

Die freigewordenen Sitze
wurden nicht von
zusteigenden Reisenden
wieder besetzt.
Diese standen
im Durchgang
und saßen da auf
Koffern oder Taschen

Der Zug fuhr Richtung Göttingen.
Das Geräusch auch.

III.

Er erhob sich
und ging
von seinem Platz
nahe der Tür
auf die Mitte
des Großraumwagens zu.

Tippte einen
der jungen Männer
mit dem Zeigefinger
an die Schulter.

Der schaute hoch
und ihn an.
Trank einen Schluck
aus der Bierbüchse.

»Könnten Sie das Gerät
leiser stellen.
Es stört.«

Der Angetippte
zog einen Hörknopf
aus dem Ohr
und fragte:
»Wie.«

»Könnten Sie das Geräusch
aus Ihrem Kassettengerät
etwas eindämmen;
es ist zu laut.«

Darauf hin steckte
der Junge den Knopf
wieder in sein Ohr
und wandte sich ab.

Das Geräusch blieb.

IV.

Er ging
zu seinem Platz zurück;
setzte sich unter den Blicken
der Mitreisenden
und kramte in den Büchern.

»Was tun«, sagte er zu sich selbst.

Der Schaffner kam.
Fahrausweise
kontrollieren.

Der Bahner
erschien auf seiner Höhe
und als er ihm sein Billett hinhielt,
fragte er gleichzeitig:
»Könnten Sie etwas
gegen den Lärm
dieser Rüpel unternehmen.«

Der Kontrolleur folgte
mit den Augen
dem ausgestreckten Zeigefinger
und sagte:
»Ja, einen Moment.«

Kontrollierte weiter
und erreichte
die beiden jungen Männer.

Nahm die ihm entgegengestreckten
Fahrkarten
mit der einen Hand
und deutete mit der anderen
auf den Tisch
und auf die Kassettengeräte.

»Machen Sie das leiser.«

Die Jungs nahmen die Knöpfe
aus dem Ohr.
Drehten am Regler.
Einer fragte:
»Was.«

»Mitreisende beschweren sich
über die Lautstärke der Musik.
Mache Sie
darauf aufmerksam,
daß Sie die Geräte
nur spielen lassen dürfen,
wenn Sie andere Zuggäste
mit dieser Art der Konsumierung
nicht belästigen.

Ansonsten konfisziere ich die Apparate.
Und händige sie erst wieder aus
bei Verlassen des Zuges.
An Ihrem Zielbahnhof:
Hannover.
Also etwas leiser
und störungsfreie Weiterfahrt.«

Der Schaffner kontrollierte
den Wagen zu Ende.
Ging durch die Tür.

Und die jungen Männer
drehten wieder auf.

Unverändert laut dröhnte
Heavy Metal.
Bierbüchsen schlugen den Takt.

Der Halt Göttingen.

Weiter.

V.

Er stand erneut auf.
Ging unter Blicken hindurch
(die ihm nachschauten oder entgegenschauten)
zur Mitte des Abteils.

Griff mit beiden Händen
in Höhe der Brust
die Strippen,
welche zu den Ohren
der Jungs führten,
und riß die Stöpsel
aus den Gehörgängen.

Legte die dünnen Drähte
auf die Kassettenspieler;
raffte alles zusammen
und schritt geradeaus weiter.
An das andere Ende

des Großraumwagens.
Durch Nichtraucher.

Warf den immer noch
spielenden Rock
in den Müll.

Drehte sich um;
ging zurück.

Beide junge Männer
standen im Mittelteil
von ihren Plätzen auf.

Einer
holte aus der Sporttasche
in der Ablage einen Baseballschläger.
Der andere aus der Seitentasche
seiner Militärhose ein Schnappmesser
mit schwarzen Griffschalen.

Dieser sagte auch:
»Schwule Judensau.
Dich machen wir fertig.«

VI.

Er lief auf beide zu.

Vor Augen jetzt:
Gräfentonna,
in Thüringen.
Den Kaßberg,
in Chemnitz.

Cottbus;
nahe der polnischen Grenze.

Einzelzelle
Stehzelle
Wasserzelle
Dunkelzelle
Saalzelle
Transportzelle.

Mittels der linken Faust
brach das Nasenbein des einen.
Mittels der rechten Faust
der Wangenknochen des anderen.
Jeweils ein Tritt gegen die Lunge.

Es war still.

VII.

Die Jungs lagen im Mittelgang
auf dem Fußboden.
Rangen nach Luft.
Blut lief aus Nase und Mund
und Haut hing ab.
Aus den Augen Tränen vor Schmerz.

Still war es.

Nur das Keuchen von zwei Menschen.
Und das Fahrgeräusch.

Die Mitreisenden
hatten sich erhoben.

Klatschten in die Hände.
Und eine sagte:
»Bravo,
endlich mal einer:
diesem Dreck auf die Fresse.«

Versuchten,
Hände zu schütteln;
er hatte seine verstaucht.
Knetete und rieb sie gegeneinander.
Hielt sich fern.

VIII.

Ein Passagier zog die Notbremse;
einer holte den Zugbegleiter
und der über Funk
Notarzt und Polizei.

Zwischendrin
wurden die jungen Männer
mit Verbandskästen notdürftig versorgt.
Einen Arzt gab es im Zug nicht.

IX.

Es kam zu keinem Strafprozeß.

Die Jungs
erstatteten oder bestätigten
keine Anzeige
wegen Körperverletzung.

X.

Er kam Abends
in Niebüll an.

Das Vorlesen fiel aus.
Ein Eissturm fegte die Kleinstadt menschenleer.

Die Kettenburg

I.

Im Herzen Thüringens,
zwischen Erfurt und Langensalza;
in einem Nest namens
GRÄFENTONNA
steht die Kettenburg.

Stammschloß der Herren zu Tonna,
der späteren Grafen von Gleichen.

Um 874 als GREFYNTONNA;
war das HAUS
seit 1100 bewohnt.
Von denen zu Tonna,
welche dann belehnt wurden
mit der Feste Gleichen,
nahe Wandersleben.
Und zukauften den Flecken BURGTONNA;
ein Geschäft mit dem Landgrafen von Thüringen.

Kaiser Karl IV., König von Böhmen,
belagert, erobert, beschädigt
das HAUS.
Es ist 1375.
Man lernt, und drumrum
wird der tiefe, breite Wassergraben gezogen.
Fortan gilt
das HAUS
als uneinnehmbar.
Gebaut wird viel.
Für die Wehr,
an den Mauern und Türmen.

Für die Zier,
ein im Renaissancestil
mit Rankenornamenten verzierter Erker.
Tilly belagert
das HAUS 1631
und muß abziehen.

Im selben Jahr
vollendet das Geschlecht der Herren
zu Tonna und Grafen von Gleichen
seine Geschichte:
es hat keine weiteren Nachkommen
und stirbt aus.

Das Herzogtum Gotha-Altenburg
übernimmt 1677
das HAUS;
wird Zehnthof,
Steuer-, Justiz- und Rentamt.
Das Herzogtum Coburg-Gotha
übernimmt weiter.
Baut 1859-1861,
im Auftrag seiner Justiz,
das HAUS
zum Männerzuchthaus
für 232 Gefangene,
in 232 Zellen, um.
Dabei bleibt es nicht;
die Aufsetzung eines dritten
Stockwerkes 1878
schafft mehr Raum
für mehr Sträflinge.
Immer noch
einer in einer Zelle,
für sich.

Auch unter Hitler so;
nur waren die Insassen weiblich
und, sagt man,
haben manchmal gesungen.

Nach 1945 dient der Bau bis 1991
als Justizvollzugsanstalt
schweren Grades
zur Verbringung
von jugendlichen Straftätern.
Denen schon in der Schleuse
auf die Sprünge
geholfen wird,
denn über ihr steht: »Der Strafvollzug dient dazu,
den Normen unserer
sozialistischen Gesellschaft
gerecht zu werden.«

II.

Der Sommer nach 1968.
Ein staksiger Junge
tritt durch ein Außentor in einen Innenhof.
Es ist Mittag.

Der Hof leer;
auf seinem Kopfsteinpflaster
liegt im Quadrat
ein weißer Strich.
Freistundenmarkierung;
festgelegter Ablauf
des täglichen Rundgangs.
In Zweier- oder Dreier-Reihen,
ohne Gespräch.
Bei Verbot.

Zuerst auf den Zugang
zum Eingewöhnen;
in die Riten
des HAUSES
und Kopfhaar runter.
Danach in die Uniform
einer ehemals
kasernierten Volkspolizei.
An Hosennaht, Jackenarm, Rücken
der gelbe, breite Farbstreifen.
Bei Strafe war das Entfernen
dieser Visierhilfe verboten.
Und das Käppi.
Zwei Fingerbreit
über der Nasenwurzel zu tragen.
Bei Erscheinen eines Erziehers,
die alle im Offiziersrang waren,
sofort vom Schädel
zu nehmen.

Dann die Eingangsknechtung
durch die Füchse.
Durch die ewigen Gefangenen,
welche
Jugendhaus,
Jugendwerkhof,
Jugendgefängnis
mehrfach
hinter sich gebracht hatten.

Und zulangten,
daß es krachte.
Essensrationen anderer
für sich einzogen und
in günstigem Moment

von halbwüchsigen, weichen
Diebeslippen
ihren Schwanz lutschen ließen.

Das war Selbsterziehung.

Arbeit in Schicht
für ROBOTRON SÖMMERDA.
Drehen, Bohren, Fräsen, Stanzen.
Die alten Exzenterpressen
schlugen nach
und trennten
Fingerglieder ab.
Oder gegen Haftende.
Freikommando auf der LPG,
im Hopfen,
oder aber beim Bau
der Tankstelle.
Erdarbeiten ohne Gerät.
Mit Brechstange und Kreuzhacke.

Die wenigen Altstrafer, die da waren,
zuständig für Küche, Wäsche, Effekten,
sprachen bei Randale Mut zu
oder gaben Schutz bei Übergriffen
aus den eigenen Reihen.

Sie trugen ziegenlederne Offiziersstiefel
und waren LLer.

Das HAUS
hat Ruhe zu halten.

Einmal, im Winter,
beim Einölen der Laufrollen

des Fallbeiles
im Trakt,
schien die Sonne.
Er dachte
an den Sommer 1886, an den 28. Juno.
Andreas Thaldorf,
hingerichtet
mit dem niederfallenden Stahl
wegen vierfachen Mordes.
Hier.
Erstmals durch diese Neuerung.
Nicht mittels Hochgericht.

Dachte auch
in Tagen und Nächten
unten in der
Wolfsschlucht.
Dem Arrest.
Wo Gitter vor Gitter waren;
auf Klappritsche, Klapphocker
mit nur einer Decke
und mit dem Kübel
voller Chlor.
Tränen im Auge;
Blut im Urin.

Sommer nach Sommer nach Sommer,
Herbst.

Ein junger Mann
tritt durch ein Innentor in einen Außenhof.
Es ist Mittag.

Vor
das HAUS GRÄFENTONNA;

war 130 Jahre Anstalt,
war 1560 Monate Dach, Mauer, Gitter,
war 6240 Wochen Ort für Menschen; rund um die Uhr,
war 43 680 Tage Verwahrung. Nicht vor dem Dasein.
  Sondern in ihm,
war 1 048 320 Stunden Dauer auf einen einzigen Moment
  hin:
den der Entlassung.
War ältestes;
am längsten in Betrieb befindliches
Zuchthaus Deutschlands.

Die Kettenburg.

Der Prinz von Montenevoso

Flecken erwachsen aus Rändern.
Reklame für Inseln im Land.

I.

Eiland;
überm See der Park
voller Trost
und Dämmerung.

Hier fliegt am Bug
der Puglia
die Venus von Milo.
Galionsfigur;
übern Hang hin
zum Wasser.

Hier flog ein Mann
aus der Bahn.

II.

Puppe Kind
und Prinz.
Verlassen von Massen;
hinter Muranoglas
aus Blau Rot Gelb.

Über dem Portal:
Klausur, bis sie sich öffne;
Stille, bis sie spreche.

Gerede statt Gesang.

Eia eia eial Alalà!

Buntmännlein im Spiegelwald.
Bist viele hundert Tage alt.
Dein Land ist, wo Granatapfelbäume stehn.
Läßt dich nur Bauerndirnen sehn.

III.

Berge sind bestimmbar
durch ihre Höhe
über Meer.
Und Inseln
durch ihre Lage
darin.

Vom Schneegipfel
der Musensohn.
Mit einäugigem,
zylindrischem Blick
voller Nebel
hinterm Fernrohr.

Dies mit beiden Händen;
in weißen Glacéhandschuhen.

Das Reh springt hoch.
Das Reh springt weit.
Was soll es tun.
Es hat ja Zeit.

IV.

Das Wort halten
ist höher;
wie Treue.

Die Liebe zur Liebe
verliert
den geliebten Leib.

Fassungen geben
Form und Inhalt preis.
Nacht brüllt
und spielt Klavier.

Wer Fronten wechselt;
durchquert Niemandsland.
Summt Ziffermanns Lied.
Ins Unbekannt.

V.

Keine Bange;
Krieger.
Eine russische Farbe
aus Grün Gelb Schwarz
war höfisch
und trank
Tschitscherin.

Vom Rande her;
heller Haß
gegen Zerfall
und Verlust.

Kissen Pantoffel;
ohne Stiefel
und Kommandotasche.

Selbst noch übers Dusenhaupt Stoff.

VI.

In dem Körper,
den er begehrte,
vereinigte sich für ihn
alles Verlangen dieser Welt.

Und alles Grenzenlose
des Lebens
und des Traumes
begrenzte sich für ihn
in einem heißen Schoß.

Er sah sie an.
Empfand starkes Flimmern,
sie möge nicht mehr
diese Wimpern haben,
diesen Mund,
diesen Hals.
Sie möge aufhören zu sein die,
die sie war.

VII.

Frauen,
die lieben,
versuchen eine Art Wiedergeburt;
eine neue Jungfräulichkeit.

Sie bringen dem Geliebten
das trügerische Geschenk
ihrer unwissenden Sinne dar.
Um sie von ihm erst erwecken
und bilden zu lassen.

Oft gelingt der naive Betrug.

VIII.

Mach aus dir eine Insel.
Ja,
Riffe vorm Atoll.

Zwischen Zähnen
die Blume von Fiume.
Den Kanal gestrichen voll.

Eia eia eia! Alalà!

IX.

Engel.
Nicht an Pforten
zum Paradiese stand
die Wacht.
Im Garten selber;
Tausende
und eine Nacht verbracht.

Venedig

Gespenst auf dem Sande des Meeres,
so schwach, so ruhig, so bettelnackt;
bis auf seine Schönheit.

John Ruskin

I

Schiffshafen.
Mit vorgestrecktem
rechtem Arm;
den Leibriemen in Schlaufen.
Steht auf Deck
einer
und strahlt Sonnen
entgegen.

ITALIA.

Hochbetagt,
der Klapsmühle entronnen
schweigt er.
Spricht die Sprache;
nicht der Mensch.

Im Brustbeutel
den mit Juwelen
besetzten
Silbervogel.
Ein Geschenk
d'Annunzios.

II

Eine Nation,
welche vor Schönheit
Angst hätte;
dürfte nicht erziehen.
Bürgerkrieg;
Inflation
stünden ihr zu.

Die Hälfte vom Tag
ist schon Nacht.

> O fremde Fratze in dem Spiegel dort!
> O wüste Rotte, heilige Heerschar,
> O leidgebeutelt, Narr,
> Welch eine Antwort? o ihr Unzahl,
> Die strebt und spielt und ficht,
> Spaßt, fordert, hintertreibt,
> Ich? Ich? Ich?
> Und ihr?

III

Das Schöne
im menschlichen Dasein.

Mann der Frau
mit Strümpfen
aus Glas,
Mary.
Im Wort stehen
reicht.

Unser Herz
ist fähig,
unzählige Male
und
unzählige Menschen
zu lieben.

Hast gespielt
auf Schönheit.
Hübsch;
könnte man sagen.

Und das Procedere
nicht bestanden.

Pechmarie.

Immer Verkehr,
ohne Tyrannei.

IV

Was du innig brauchst;
ist Erbe
ohne Schlacken.

Germinal;
Blut
vom Blut.
So etwas kann
sich selbst
denken.

Sei es ein bemalter
König.

V

Hoch über Meran.
Hoch über Wolken;
Musik.

Vivaldi Bartók.

Abende in Hohndorf.
Tage in Rapallo;
Chaos.
Suche nach Ordnung,
Sinn
und Harmonie.

> Grasgrün und roter Flieder,
> Dschungel,
> Wurzelgrund der Erneuerung.

VI

Tote sind keine Verpflichtung.

Gattungen nehmen wahr;
selbst im Irrtum
blauäugig
übereinander herzufallen.

Rückbindung
an gedrehte Himmel.
Gegen die
Uhrzeigerrichtung.

VII

Der Fehler liegt
im Nicht-tun.
Ist kein Vertrauen
im Haus;
so ist keiner
glücklich.

Betrieb der Welt:
da kaschen
Küsser der Luft
sogar den Stolz.

Merkantiles wohnt
und wächst.

Zeit zu reden;
Zeit zu schweigen.

VIII

Stilles Haus
am Hang.

Hölle des Herzens;
Streik
im Kopf.

Freiland
hinter Hoffnungen.
Davon eine letzte
Salò war.

IX

Ein Lied,
Marcella.
Neige Haupt
und sonstiges.
Bist erschlagen
und keine
Kokotte.

Beim Duft deines
Patschuli.

Mach es neu.

Trägst einen Ring
am Mittelfinger.
Frau;
linker oder rechter
Hand.
Silber oder Gold.

X

Cantos,
vermerkt auf gelben
Chrysanthemen.
Duft der Landschaft,
Geräusch
und Sieg.

Den Stab aufnehmen.
Ach,

die Frieden
im Krieg.

Ihr sagt, daß ich mir allerhand herausnehme
Daß ich mich spreiz im Talar der Anmaßung.

Ein paar Jahre und keiner denkt mehr an den *buffo,*
Keiner entsinnt sich des Nebensächlichen an mir,
Das ulkige Beiwerk wird abgehn.
Ihr aber modert in der Erde dann
Und es ist fraglich ob selbst euer Dung
genug hergibt

Um das Gras zu erhalten
Auf euren Gräbern.

XI

Mary,
dein schönes Gesicht;
wenn es spricht.
Dein leeres Gesicht,
o Mary,
wenn es schweigt.

Zur halben Stunde
der Ruder Schlag.
Der Gondel Trauer
an Allerheiligen.

Viale delle Magnolie

Das Schöne gibt es.

In Rom,
im Park der Villa Borghese;
zwischen Viale Pietro Canonica
und Piazzale dei Martiri:
die Viale delle Magnolie.

Rechts und links;
je dreiunddreißig
dieser Sumpfpflanzenbäume.
Urwaldgewächse riesengroß
und schwarzgrün.
Stamm, Geäst, Blätter.
Blüte pink Flamingo
mit doppeltem Weiß.

Mittags,
Sonnen stehen
über den zusammenstrebenden Kronen
und ziehen in der Mitte
der Straße
einen goldenen Strich.

Darauf sie;
die Tiere.

Zu zweien, dreien, vieren.
In Rudeln untergehakt,
girren, schwatzen sie.
Helles Lachen
steigt auf.
Gesunde, weiße Zahnreihen

im nichtkonturierten, bemalten,
übergroßen Mund.
Nasse Zungen wischen in Winkeln.

Im Braun,
einige Blätter fallen immer,
das von den Rändern herkommt;
vom Rosa zum Weiß hin verlischt
und verdorrt,
erscheint gleich einem Netz
die Struktur gewesener Pracht.

Gelbrotblond gegen Schwarzgrünbraun.

Beim Haarelegen
öffnet sich eine
rasierte Achsel
und zeigt nachgewachsene,
dunkle Ansätze.
Die auch an der Kopfhaut schimmern.

Lanzenförmige Blätter
und der Späher
am Rande.
Knistern beim Schritt;
beim Tritt darauf.

Kontakt entsteht
über die Augen.
Und sie stolzen,
verharren,
nach dem Blicken;
oft auf einem Bein.

Ein nach oben gerutschter Rocksaum
gibt die breite Spitze
an der Oberkante
des Strumpfes preis.

Die Pose glückt.
Körper dehnen sich
wie Bimetall.
Mit Kraft aus der Spannung.

Es ist Ausstellung.
Haut zwischen
innen und außen.
Blicke
und der vermeintliche Duft
von Essenz.

Wer zu tun hat,
der muß schauen.

> In Spiegelbildern wie von Fragonard
> ist doch von ihrem Weiß und ihrer Röte
> nicht mehr gegeben, als dir einer böte,
> wenn er von seiner Freundin sagt: sie war

Und plötzlich Trübung
des Himmels,
des Lichts
und der Wunsch
nach Waffen.
Einem Hirschfänger
vielleicht
für die Kehlen.

Wetter schlagen um.
Ein Stofftier
fliegt ins Gebüsch.

Und die Flamingos auf und davon.
Gegen die Piazza di Siena.

Im Angesicht

1.
Wer schön sein will muß leiden.
Sich in die Finger schneiden.

Wird hörig und äugig.

Schönheit wirkt hermetisch.
Schönheit macht autark.
Schönheit ist Gefahr.

2.
Kriege werden in Briefen erklärt.
Frieden fernmündlich beschlossen.

Erloschen; was verehrt.

X

Eizahn

Kälte ist zu empfehlen,
wo es anrüchig wird.
Es geht sich leichter
über gefrorenen Schlamm.
Ernst Jünger

Hunger

Es ist Nacht. Und Nacht wird es bleiben.
Der Weg ist unklar; die Situation auch.
Was aus dem Dunkel kam, geht in dieses zurück,
und der Dämmer machte sich erst gar nicht auf den Weg.
So schien die Uhr zu stocken; obwohl sie tickte.
Und der Puls schlug enorm am Handgelenk.
Aus dem hellen Herzen ging es in das der Finsternis.
So sollte es sein; so wollte es der Umstand.
Perle, die Hauptstadt weit hinter dem Ural,
hatte den alleinigen Glanz verloren
und ließ sich nun in den Gehirnen nieder.
Diese waren darauf nicht vorbereitet
und schalteten auf Durchgang.
So blieb ein Gefühl im Raume stehen,
das hatte keinen Herrn und keinen Diener.
Es nagte vor sich hin;
darüber gibt es nichts zu sagen.

Aber die Zeit ist eine große Meisterin.
Sie badet und hegt und umsorgt.
Nur: sie vergißt nicht.
Keine einzige Sekunde Vergessen;
kein einziger passabler Leumund.
Die Narbe bricht wieder auf;
das Messer kehrt in die Wunde zurück.
Und verschwindet darin in Gänze.
Was sagt aber das Herz dazu;
und spricht es, und vielleicht nur mit kleinem Ton?
Nein, das Herz hat keine Stimme und keinen Takt.
Das Herz ist nur geliehener Klimbim.
Seiner selbst manchmal kaum mächtig
und zittrig zugleich.
Das Herz stört uns Menschen,

sagen die Gedanken und wenden sich ab.
So steht das Herz alleine da und verkommt.
Verkommene Herzen aber sammeln sich
unter einer Standarte ohne Wappentier.
Es ist die Fahne von Lug und Trug.
Lug ist für die Logistik zuständig;
Trug für die Manöver.

Beide ergeben einen Sinn.
Den Feinsinn; den gehobenen Anspruch.
Der im Anzug daherkommt
und mit HERR angesprochen werden möchte.
Dieser Anspruch aber ist ein Verhängnis.
Es hängt seine Kleider nach dem Winde
und ist darunter nackt.
Nackt, bloß und verdorben.
Dieses Verhängnis hat ein Verhältnis
mit dem Auge.
Mit dem linken und mit dem rechten;
nie mit beiden Augen gleichzeitig.
Und diese Augen wiederum sind völlig nutzlos,
denn sie können nichts erkennen.
Duster ist es.
Es ist Nacht. Und Nacht wird es bleiben.

Wittgensteins Fehler

Reden und sprechen:
zwei Worte einer Person.
Gemeint ist Sprache;
oder Rede schon.

Redet Sprache;
spricht die Rede.
Ist es Lage
oder Fall.

Auf den Hund gekommen

Ein System ist kaputt;
das Geschreie auch groß.
Auf der Landschaft von Schutt
tummelt Buttje sich bloß.

Gebaut für das Leben;
gedacht menschlich und rein.
Frißt das Bild sein Eben
und verweist darauf fein.

Das ist der Deutsche Krieg;
Zwitter aus Gier und Schund.
Beim gemeinsamen Sieg
liebkost keiner den Hund.

Um dies alles

Komm übers Eis;
liebe mich.
Fege den Schnee,
kümmer dich.

Spann Pferde an;
die Nüstern voll Dampf.
Rüste dich zum Kampf –
Mann gegen Mann.

Und noch eines:
es geht um den Sieg.
Zehntausend muß die Seuche raffen:
Zehntausende der heilige Krieg.

Selbernacht

Lederkaspar bläst Locken aus Stirn.
Zieht Nase hoch und Achseln.

Kein schöner Spiel.
Kein schöner Weh.

Der Kerl steht still!

Still. Sanft und leise.
Gleich Selbernacht.
Schnippt er fingerweise
nach der Acht.

Betta Splendens

Schlafdumm; ein Zustand von Ruhe.
Schau auf den Mund,
wenn er spricht.

Die Klage war verklungen;
ehe der Grund aufkam. Dafür.
Und der Drall drang nach Beton
auch durch die Spiegeltür.

Ein Gedicht wird gemacht:
geschrieben; nicht gedacht.

Farbiger Staub

Farbiger Staub, farbiges Land;
getrennt. Vereint gespalten.
Der Schoß ist Pflicht; der Po die Kür.
Mehr Schemen als Gestalten.

Die Schönheit in Privatbesitz;
mit öffentlichen Hängen.
Da spreizt der Pfau; da saugt das Kitz
den Saft aus Purpurlenden.

Vermeintlich ja; vermeintlich nein,
das Pack ist zwiegeschlechtlich.
Der Mamakinderklatschverein
flieht Spiegel. Die sind häßlich.

Die Blässe

Der Tod von Schönheit: Mensch, Bild, Musik.
Zeichnet Muster auf reinen Flächen;
Narben, welche den Wind hemmen,
der aus der Unendlichkeit weht.

Das Herz

Das Herz hat Kammern,
die haben Türen
und Schwellen und einen Tritt.

Das Herz hat Klammern,
die operieren,
und Puffer und einen Schnitt.

Gegenläufiges Gedicht

Die Erde braucht Blut und Horn
und den Dorn;
der sie stößt.

Die Erde braucht heiß und kalt;
jung, auch alt
und den Tod.

Die Erde braucht Mann und Frau;
wie sie sind
und das Kind.

Die Erde braucht Hass und Streit;
dumm, gescheit
und Verrat.

Die Erde braucht Mensch und Tier
und die vier
Elemente.

Die Erde braucht Liebe nicht;
ein Gedicht
und Haltung.

Lesart

Lippen ausgestellt; die Beine.
Augen bedeckt; das Geschlecht.
Schönheiten wurden eine.
Voll ausgeblecht.

Arme gewinkelt ; die Hände.
Finger gespreizt; der Figur.
Gehockt sprechende Bände.
Des Jahrgangs nur.

Parabellum 08

Auge Nase Mund.
Dreie unter Stirn.
Dreie im Gesicht.
Drüber Hirn.

Kopf überm Leib.
Gedacht von oben nach unten.
Und aus Zeitvertreib;
Wunden erfunden.

Zeichnung

Das Kinderzeichen für die Liebe:
der gefiederte Pfeil durch das Herz.
Naive Diebe;
und der Doppelschmerz.

Schmelze den Kuß zurück;
liebe mich und sei still.
Rede gar nicht vom Glück.
Was weißt du, was ich will.

Strecke aus schön das Bein;
gib den Winkel dazu.
Was ist groß; was ist klein.
Wer bin ich und wer du.

Mittag

Und die Hand tauchte hinab zum Schoß.
Zwei Finger gierten hinein. Absichtlich absichtslos,
so schien es zuerst: mehr Trug als Schein.
Und dann ein Wimmern; kein lauthalses Schrein.

Damit schließt dieses Gedicht.
Selber befriedigt. Als nicht.

Schänder

Den Augenstern zersprengt.
Tollheit rast und hastig auch die Kinder.
In der Üppigkeit des Mischwaldes
fällt er alle an und sich.

Obszöne Formen folgen dem Gehirn.
Wolken schwellen zu Brüsten.
Bersten im Rücken und verlaufen
in ausgegossenen Milchstreifen.

Exostosen. Geschwüre, zwergenhafte Schenkel
sind weibliche Triangeln, große Vs.
Mäuler, Narben, welche sich nach innen erweitern.
Feuchte Auswege.

Das Aussatzkapital der Erde:
eine venerische Toxis krümmt.
Wut wächst; auch mit Wahnsinn Menschen zu schänden.
Immer und immer zu.

Knollen, Knochenfraß. Vom Specht gehackte Löcher.
Und die Krümmung einer Allee von Rotbuchen.
Da an dem Stamm. Die Kleine.
Nach seitwärts von hinten. Eine.

Oben und unten

Komm
und trinke Seidenmilch;
komm
und trinke tiefer.

Hast du erst den Satz erreicht
stößt dich auch der Schiefer.

Stößt und stößt;
bist du gelöst,
und dann wird gelacht.

Alle diese kleinen Mösen
haben Lust, in sich zu dösen.
Alle diese kleinen Dosen
setzen Farne an und moosen.

Weiße Schlüpfer

Die Farbe ist
das eigentliche Bild
und der Schnitt.
Der Anschnitt der Beine
im Schritt.

Der Bund;
Abschluß zur Haut.
Durchstochen fein
und nicht zu laut.

Dieser Gummi,
den es nicht mehr gibt.
Gespannt zwischen zwei
Elephanten, den Backen,
verliebt.

Blauöl

Die wandernde Hand;
zwischen oben und unten.
Die Tiefe des Tals
und die Kuppen. Hellbunten.

Der sperrige Mund;
mit Perlen. Mattweißen.
Der saugende Grund
und zwei Himmel. Die kreisen.

Fips

Wann kommst du denn,
und wo bleibst du.
Wie ist der Ruf,
der immerzu
erschallt.

Geheim vielleicht
und nicht für mich.
Rotwelscher Sprach
statt Angesicht;
der Brief.

Kriks bloß nicht rum
und chaumel nicht.
Du dummes Ding,
das Herzgedicht
schustert.

Im Mai

Alle Künste begründen
sich auf die Bebauung
des Landes mit der Hand.
Ruskin

Geh gegen Abend;
blicke nicht um.
Senke die Lider
und schweige stumm.

Tritt in den Garten;
höre den Kies.
Atme Schwarzerde,
öffne und lies.

Den Brief aus der Zeit
kälterer Lust.
Steig aus dem Kleid
mit hoher Brust.

Nimm das Messer fein;
sage noch: du.
Setz an den Stahl
und stoße zu.

Auf der Hut

Sie glauben an die Welt
der Waren. Sie sind bigott
und parfümiert.
Sie hassen Gehen
und sie lieben Fahren.
Sie sind so schön
und affektiert.

Sie sind auch blond
und nordisch hell.
Sie sind rasiert
und schmecken gut.
Sie sind blasiert
und auf der Hut.

Sie sind der Mund;
sie sind Gebell.

Der Kuß

Ich habe dich geküßt
und hab es immer müssen.
Wir hatten ein Gelüst
nach grellen, scharfen Schüssen.

War deine Nadel stumpf;
so gab ich dir die meine.
Auch Asse waren Trumpf
und stachen. Meine deine.

Es war kurz vor dem Mond,
der schien. Und sommerlich hell.
Da pfiff, wer halt da thront;
unser Lied: Komm, küsse schnell.

Auf den Klippen

Mach deine Finger golden
und zeig die Schenkel bloß.
Schlüpf in die hohen Stöckel
und schnüre das Mieder los.

Sei Junge und Mädchen;
Hure, Mutter und Frau.
Fünfe im selben Leib
vereint. Für mich genau.

Sprich die Sprache der Lust;
mit Körper und dem Mund.
Steig auf die Klippen,
und dann stürze dich wund.

Spielzeug

Du bist das Zuckerstück;
die kleine Schnecke.
Das Teilchen süß
und klebst in der Hand.

Da ich dich verstecke;
gibt es kein Zurück.
Auch nicht mit Verstand,
und wenn ich büß'.

Hilde Benjamin

Blond Blauäugig;
klein und gedrungen.
Lange Haare um den
Kopf geschlungen.

Zopf, manchmal nach
hinten und aufgesteckt
und mit Spange fein;
Henkersweiblein.

Frau des Bruders
von dem Walter B.
Der starb; schwach und gehetzt
und ausgesetzt.

Im Gebirge
schlägt die Stunde anders.
Die Schatten sind rot
und voller Not.

Sterne

Sterne sind Seelen
von Toten. Ohne Land.
Sie blinken vom Raum
zur Zeit. Und wählen.
Den Körper zweiter Hand.

Brauchen Platz zum Glimmen
im irdischen Licht.
Blinkfeuer der Augen
ehe einer sie bricht.

Fläming

Schlafmond Schlaf Schlafmohn.
Wenn ich bei dir wohn.
Ziehen Himmelstiere da droben;
und thron ...

I.

See der Kindheit Kossin.
Inmitten Blau Gelb Grün:
des Himmels
der Felder
von Baumkronen.

Badestelle;
meßtischblattgroß
und märkisch schön.

Schmeckt Wasser
nach Schlamm
und Moos;
und ein rotblonder Abend
nach einer gemusterten Nacht.

II.

So Sand;
so fein im Schilf
streifen Hände
Essenkehrer.

Rinnt unterm Kleinen Wagen;
der steht,
nicht fährt.
Zeit hin
und altes Weh.

Also komm:
bleibe
oder geh.

Diamant

Niedrige Autos;
niedrige Bänke.
Feuerlöschteich
und Affendorfschänke.

Alleen ohne Mitten.
Bahnen purer Pracht.
Radfahrend geritten;
durch Brandenburger Nacht.

Kossiner Engel

An einem Seil aus knapper Höhe,
mit Locken und mit Flügeln auch.
Hängt er bemalt. Und in den Händen
das Becken für den Taufgebrauch.

Ist leicht bewegbar , höher nieder,
kann schwingen; sich im Kreise drehn.
Und hört er tapse Kinderstimmen –
dann schwebt er ganz besonders schön.

Stare Miasto

Menschenknie Weichselknie.
Kniefall vor der Dame
mit dem Hermelin.

Und richtet sich auf:
im Angesicht
ein Tränenpelz.

Irrsinn schimmert.
Rundes,
slawisches Licht.

Das bricht.

Kurland

Steine, Kiefern und Auen
und gerissene Luft.
Horizonte, die blauen;
Salz- und Brackwasserduft.

Sande, die sich türmen;
darüber Möwengeschrei.
Wen gilt es zu firmen,
und spielt die Geige dabei.

Nehrung: kurisch und baltisch
und ostisch weitab.
Da tanzen tote Seelen
und sie tanzen so schlapp.

Es kommt aus den Liedern
und gorzałka im Blut.
Frösteln und fiebern;
Trauer mit Wut.

Warmia

Ermland nah, Grenzland;
Eiland im See.
Spiele der Schatten
und Haschischtee.

Himmeltief Winde;
ständiger Hall.
Fiepende Ratten
und Sonnenball.

Kraniche steigen,
im Auge gut.
Plötzliche Ferne
und Bilderflut.

Figurinen der Welt;
Allzeit bereit.
Ermländer Sterne
und Kinderzeit.

Czerwonka

Moskau – Paris,
rote Steine.
Züge fahren durch
und halten nicht.
Stöcke mit Kerben;
für Mädchenbeine
in Händen ohne Gesicht.

Gesichter, die reisen –
westwärts und kommen nie an.
Der Bahnhofsuhr
fehlen Zeiger,
und ein Pfiff gellt;
dann und wann.

Vilimy

Erlen, Weiden und Lärchen
und ein gespielter Ton.
Alraune vom Märchen
und in der Dämmerung schon.

Seeoberst schnappen Fische
nach Luft und nach Getier.
Auf dem Freilufttische
klimpert das Sehnsuchtsklavier.

Norden, Osten, das Alte;
die Sichel und der Mond.
Am Ufer ein Falbe,
der über dem Zwielicht thront.

Violeta

Rotblonde Haare;
flächiges Gesicht.
Sommersprossen dicht
und zwanzig Jahre.

Grünblaue Augen;
blaßroter Mund.
Milchweiße Haut
und Hüften rund.

Kleinpolen,
was ist das;
wo liegt es,
und wie ist der Gesang:

Violeta geht
die Straße entlang.

Dziewczynka

Sie knabbern so gerne
Sonnenblumenkerne;
trinken Rahm von der Milch
und waschen sich kalt ab.

Sie spülen das Haar
mit Ei und Honig;
naschen Taubnessel
und eilen zu Fuß.

In den Augen Gott;
in den Händen Tee.
Slawischer Weltraum –
kein Ach und kein Weh.

Grenzpuppe

In den Haaren Bänder
und Glöckchen am Schuh.
Die Taille gegürtet;
unter Achseln Blue.

Augenbrauen rasiert;
nachgezogener Rest.
Der Nagellack changiert,
und das Schambein preßt.

Gegen die fremde Hand,
mit Hast. Halt schnell: so.
Der Fingergrenzverkehr
zwischen Raute und Po.

Die Grenze

Zwischen Tür und Angel;
zwischen Wellblech und Draht.
Verläuft eine Linie;
die spezielle Naht.

Gekettelte Gitter
mit Sperre und Riegel.
Am Hochmast das Flutlicht;
Stahltore mit Siegel.

Dreck, Gülle, Brombeerranken auch;
ein zerschlitzter Feuerwehrschlauch.
Und der Prellbock ohne Gleise;
Preußisch Eylau, Niemandsschneise.

Himmelskörper

Vollmond oder kurz davor.
Eigenartig:
die Scheibe hängt hoch oben,
und um sie,
in ihrem fahlen Gelb,
ist ein blaßblau metallener Ring.

Dieser scheint
über eine nicht sichtbare Achse
den Planeten zu fixieren.

Es würde nicht wundern,
drehte er sich tatsächlich extrem schnell
um seine Mitte.
Und zeigte uns so die Vielfalt
seiner Anteile mittels
Geschwindigkeit.

Auf einer planen Fläche.

Spätsommer

Der verworfene Mund mit seinen Schatten;
das im Seidenstrumpf geführte Bein.
Die hohe, getragene Brust.
Auch der steile Wasserfall
mit beschnittenem Moos
und der Pinguingang drängen sich auf.

Der Auswuchs der Hinterbacken
ist ein Traum.
Die schmale, lange Hand,
an deren Fingern perlmuttfarbene Halbmonde glänzen
und die um das Gelenk herum
zerbrechlich wirkt.

Farben von Haut; Schattierungen,
welche vom Rosa bis ins Schwarzviolette gehen.
Kein wucherndes Haar stört,
und der Duft von Patschuli ist überall.

Der Schwung der Braue über dem Oberlid.
Wimpern dicht;
halb Gitter, halb Markise.

Inmitten des Auges Pupille und Iris.
Inmitten vom Blau der Stich ins Grün.

Wer Schönheit trägt, verliert das Herz.
Wer Schönheit sieht, gewinnt eines.

Sie schrie, wie eine Schwalbe segelt.

November

Ein Herbst scheint. Wie noch nie.
Gretchengelb bis Scharlatanerie.
Semmelblond und auch braun.
Blätter Blätter. Kaum noch Baum.

Vorwinter

I.

Hunger treibt zu Gedichten;
im Walde nickende Fichten.
Ritt auf dem Vogel Strauß
und aus die Maus.

II.

Aufstand der Dinge;
um den Hals liegt die Schlinge.
Im Munde schmeckt Dreck,
und das Herz schlägt leck.

III.

Passiert so der Reiter;
immerfort immer weiter.
Brücken innerer Not
und im Abendrot.

Alles ist mit Kind unternäht

Für Hubert Arbogast

Der gutangezogene Held mit dem Handkoffer
läutete an der Tür.
Da war für den Sohn ein besonderer Mittag:
Vater,
der Zauberer ist da.

Gelpke zauberte,
und Jünger
und Nebel
kletteten.

Auf der Lichtung Rotebühl
saß Améry
und wiegte Europa.
Buk der vom Erbe getrennte Arbogast
Brot für alle.
Lieh Benn Bronnen zwei Rollen Veronal.
Der Wiener Bayer aber,
welcher den Namen Borchardts nie vernahm;
zerschellte.
Cioran predigte Zerfall;
mit Ausnahme der Kleidung.
Cocteaus schöner Schänder
liebte Georges Gold.
Hätte Heißenbüttel Holthusen gemocht;
lägen sie am Grunde beieinander.
Ähnlich Kristallen aus Hofmanns Fabrik.
Auch Rausch war verflogen;
dem Strittmatter folgte.

Der jüngste ich bin.

Berühre nicht die Ufer

Tauch unter der Welle durch;
schwimm in die offene See.
Angel ein Brett,
fische den Mast,
reite Haie.

Tauch unter der Welle durch;
schwimm in die offene See.
Küsse die Sonne,
verdurste am Salz,
treibe dicht über Grund.

Tauch unter der Welle durch;
schwimm in die offene See.
Zerschell nicht am Riff.

Treibgut ist das Gut der Strände
und bei Nacht Leuchtfeuerbänke
zum Irrsein.

Kinderherz

Für Paulina

Geht die Nacht; kommt der Tag.
Fließt das Wasser; türmt der Sand.
Großes Spielzeug Kinderherz,
schreibe doch an Unbekannt.

Wer setzt die Sterne ans Firmament;
wer bewegt den Wind.
Warum ist Wasser flüssig
und wieviel Körner die Sande sind.

Ist Regen ein Weinen der Götter;
Sonnenschein Grillfeuer der Lust.
Oder der Mondstrahl die Rutsche für Spötter,
die du auch einmal rutschen mußt.

Warum warum ist diese Welt
so anders als die eigene.
Vielleicht liegt es am Taschengeld
und an der bösen Fee. Dem Weh.

Der Schuß

Der Blick ist verstellt;
meine Täuschung gleich groß.
Auf der fahrigen Welt
treibt ein Ebenholzfloß.

Das Kaltgrün der Wasser;
deren Strudel und Gischt.
Du, spuck mich an. Hasser
wird man erst, da es bricht.

Wenn die Stämme reiben;
fängt ein Ufer den Schall.
Die Erlen und Weiden
zucken nicht beim Knall.

Erinnern

Sie betreten die Hölle
des Schönen.
Legen ab
und schauen sich um.

Sie werden schweigen;
sich neigen.
Gebeugt sein
und sich erinnern.

In der Gondel

Das letzte Spiel; der letzte Wurf
vor der Warschauer Brücke.
Der sechser Pasch des Thomas Brasch
verfing. Riß ihn in Stücke.

Gar fadenscheinig ist das Hemd.
Das letzte; ohne Taschen.
Die Schwebebahn glitt übern Styx
mit Gondeln voller Aschen.

Schlaf fest. Du lederner Reiter.
Auf nichts baut sich kein Beweis.
Die Toten im Erdengraben
fahren immer im Kreis.

Der Spielmann

Spiel mir, oh Spielemann,
eine alte Weise.
Von der Schönheit angetan
und von ihrem Preise.

Von Grazie, von Anmut,
von der Koketterie.
Erzähl von Natürlichkeit
und dem bedeckten Knie.

Von Form und Inhalt;
von Hülle und Schein.
Von dem Schreitegang
und dem Behütetsein.

Dreh die Leier,
auch wenn sie knarrt.
Traue dem Bildstock
der dich nie narrt.

Ende

Gelbes Blau rotes Blau,
grünes Blau schwarzes Blau;
blau sind alle Sonnen.

Und in der Wüste, die wächst,
zu Kitsch und Tand zerronnen.

Nachwort

Lorenz Jäger

Farben und Zeichen, Land und Stadt
Zum Werk von Gerald Zschorsch

Wir sollten uns die Ordnung im Werk von Gerald Zschorsch als eine der Kasten vorstellen. Kasten gliedern sich nicht kontinuierlich wie die Einkommensklassen der Arbeitsgesellschaft, sondern geben einen Hinweis auf die Spannung, die zu bearbeiten einer Gruppe aufgegeben ist, und sie sind darin durch qualitative Sprünge voneinander abgesetzt. An der obersten Stelle, noch außerhalb der menschlichen Welt, finden wir die Engel. Warum? Weil sie in der allerersten Spannung existieren: »Engel erscheinen, um zu verschwinden. / Sind Mittler zwischen Dunkel und Licht. / Sichtbar im Kommen; / im Gehen unsichtbar nicht.« Wenn die Engel zwischen Licht und Finsternis vermitteln, dann gleichen sie den Farben. Sie sind »sichtbar«. Rein aus der Berührung von Licht und Finsternis gehen drei primäre Farben hervor: Gelb und Blau, als ihre gesteigerte Mitte das Rot. In der Kastenordnung der Farben folgen die entspannten Mischungen: Grün, Orange und Violett; werden diese noch einmal gemischt, dann ergibt sich eine schmutzige Nichtmehr-Farbe, ein Null an Spannung, eine knechtische Seele.

Rot, die Königsfarbe wie die der Königsmörder – sie ist Zschorsch, dem malenden Dichter, die liebste. Rot war der Umschlag des Bandes »Eiserner Felix«. Einmal erscheint in einem Gedicht »ochsenblutrotes Licht«. Rot ist die Farbe, in deren Zeichen der Dichter aufwuchs, als Kind kommunistischer Eltern in der DDR. Fast könnte man versucht sein, Zschorschs Leben am Leitfaden jener Gedichte zu erzählen, in denen die rote Farbe in immer anderen Bedeutungen auftaucht: Das Rot der elterlichen Ideale, das Rot der Fahnenmeere am 1. Mai, das Rot der Machthaber, die ihn in ihre

Zuchthäuser sperrten, das Rot der Linkskommunisten in der Bundesrepublik, denen Zschorsch sich nach seiner Abschiebung aus der DDR zunächst verbunden fühlte, das Rot Rudi Dutschkes also, mit dem er befreundet war und der zu einem Gedichtband von Zschorsch ein Vorwort schrieb. Zuletzt spricht Rot selber. Aber hat die Farbe nicht jedes Pathos verloren, alle Fähigkeit zur Steigerung, die Goethes Farbenlehre ihr zugesprochen hatte? Ist Rot nur noch ein müder Mensch, ein Greis, der gerade noch über Lage und rudimentäre Handlungsreste Auskunft geben kann? »Rot // Liege unterhalb Schwarz. / Oberhalb Gold. / Ausblicke des Hammers. / Zirkele den Verein. / Ehre Ähren. / Tarnungen des Spanners.« Die Embleme des Arbeiter- und Bauernstaates werden erkennbar als Tarnungen eines obszönen Voyeurs, vielleicht einer monströsen Beobachtungsbehörde. Dann hätte Zschorsch hier die letzte Momentaufnahme des DDR-Sozialismus gegeben, ein in seiner Knappheit vollendetes Bild. Aber mit dieser nur politisch-aktuellen Lesart hätte man das Gedicht auch verfehlt. Denn der »Spanner« ist auch der Dichter selbst, der protokolliert, wie er seine Blicke an Frauenbeinen emporschweifen läßt.
Neben das Rot treten die anderen primären Farben. Der Dichter Gabriele D'Annunzio erscheint in »Der Prinz von Montenevoso«: »Verlassen von Massen / hinter Muranoglas / aus Blau Rot Gelb.« In dem Gedicht »Container« heißt es: »Die Würde des Kindes ist aus Papier. Buntpapier / Scherenschnitt: ins Rote die Wärme; im Blauen kein Dach.« Und in »Deutsche Farbe«: »Standard: Aufbau vom Bild / der Farbe. / Lückenlos Gedachtes gilt / blau. Schimmert die Narbe.« Den primären Farben kann man die Kaste der primären Menschen vergleichen, die in Zschorschs Gedichten besungen werden. Es sind die radikalen Existenzen, die, nach den Engeln, der Spannung eine erste innerweltliche Gestalt geben. Schon in der Zeit seiner Anfänge hat Zschorsch gern die eigenen literarischen Fixsterne angeru-

fen. Waren es zunächst die Großen der »linken« Moderne, etwa die expressionistischen Lyriker, so traten später Bartok und Ezra Pound, D' Annunzio und Gerhard Nebel mit seiner Lehre von den Elementen und von der Sprache in den Vordergrund. Zschorschs innerer Kanon ist beweglich geblieben, er hat sich in die Weltliteratur erweitert, ohne seine sehr deutschen Wurzeln in den Brüdern Grimm, bei Ernst Jünger oder Hans Fallada zu vergessen.

Unterhalb der Primärfarben liegt, mit Grün und Violett, das Orange. Die Kombination der drei Mischfarben hat etwas Närrisches. So hat es auch Zschorsch in dem Prosagedicht »Sprachdisziplin« in dem Band »Gambit« empfunden: »Die Augen der schwachen, nervösen Menschen schließlich, / deren sinnlicher Appetit auf gebeizte und geräucherte / Speisen aus ist, die Augen der überreizten und hektischen / Leute lieben fast alle jene aufreizende, krankhafte Farbe / mit dem falschen Glanz und dem hektischen Fieber: Orange.«

Spannung setzt Ungleichheit voraus. Spannung geben Schönheit und Gewalt, und Spannung produziert das Geld. Diese Trias bestimmt das Bild, das Gerald Zschorsch seit den frühen achtziger Jahren von Frankfurt entworfen hat. Er ist einer der genauesten Beobachter unserer Wirklichkeit; der westlichen, in der Bilder von Tombola und Fernsehquiz sich mit denen sinistrer Jagdgesellschaften mischen – »Fanfaren zu Beginn der Hatz«, heißt es einmal –, aber auch der vergangenen östlichen. Zschorschs Frankfurt-Gedichte entstanden zu einer Zeit, als die optimistische Verklärung der Stadt die urbanistische Diskussion beherrschte. Dagegen stellten sie ein Bild gnadenloser Gewaltverhältnisse und einer Bedrohung der Liberalität, das inzwischen zum Allgemeingut geworden ist. Die Ideologie, idealtypisch formuliert in dem Titel der Fernsehsendung »Einer wird gewinnen«, mußte sich eine lakonische Korrektur gefallen lassen: »Einer wird gewinnen. Einer. Auch verlieren.« Die Großstadt ist für Zschorsch der Ort elementarer Kämpfe – »Von zweien gewinnt einer knapp«, »Der, der verliert, fällt« –, die sich allerdings als Klassenkämpfe im Sinne der marxistischen Tradition kaum mehr verstehen lassen und im Dichter eher die Erinnerung an den Bruderkampf von Kain und Abel wachrufen. In diese Vision der Stadt, in der versöhnende Kräfte kaum auszumachen sind, hat Zschorsch Lektüresplitter der literarischen Tradition eingearbeitet: In seinen Gedichten begegnen dem Leser Georg Heym, Jakob van Hoddis und Alfred Lichtenstein; auch Walter Benjamin, hier als der Autor der »Einbahnstraße« und der »Passagen«, der Werke also, die sich modernen Lebens- und Literaturformen widmeten. Städtische Gegenwart wird bei Zschorsch, durch Schlaglichter auf die Vergangenheit, auf ihre historischen Bruchstellen hin abgesucht. So erinnern die rasanten Veränderungen im Stadtbild, die Frankfurt während der achtziger Jahre durchmachte, den Dichter an einen Vers Baudelaires, den er, wörtlich der Prosaübersetzung Benjamins folgend, seinem Gedicht einfügt: »Die Stadt, / die schneller als ein / Menschenherz sich wandelt. / Den Code vorgibt: Lebendigkeit / Ist Brüllhaus / und mit Selbststellern zerschandelt. / Die wollen nichts. / Die paaren nur zu zweit.« So wird ein Diktum Benjamins aus dem Passagenwerk – »Eine Hölle tobt in der Warenseele, die doch scheinbar ihren Frieden im Preis hat« – zur Einsatzstelle des 43. Gedichts der Sammlung »Stadthunde«, das einmal mehr den unversöhnten Charakter des städtischen Lebens aufrollt: »Im Preis liegt scheinbar nur der Frieden / Die Ware wird gekauft und umgesetzt / In Panoramen lernt das Leben siegen / Und in den Kinos danach totgehetzt.« Aber auch sonst hat Zschorsch damals, wie viele seiner Generation, von Benjamins Maximen gelernt, wie das Gedicht »Fluchten« aus der Sammlung »Spitznasen« zeigt: »Erinnern. // Alle entscheidenden Schläge werden / mit der linken Hand geführt. / Nur wer die Landstraße geht; / erfährt von ihrer Herrschaft. / Überfliegen heißt: / an ihrem Index scheitern. / In der Improvisation liegt die Stärke. / In diesen Tagen darf sich niemand auf das versteifen, / was er kann.« Vergleichen wir das Gedicht mit dem Text der »Einbahnstraße« über die Vorzüge der linken Hand, dann fällt auf, daß Zschorsch die Sätze Benjamins aufsplittert; er setzt den letzten an den Anfang, gewiß mit einem bewußten Akzent auf dem Wort »Schläge«. Der Schlag kommt aus dem Maximum der Spannung, und mit Schlägen hat Zschorsch immer wieder zu tun: Schläge im Zuchthaus der DDR, Schläge, die er denen verpaßt, die ihn eingemeinden wollen oder die ihn bloß nerven wie die Skinheads im Zug. »Mit harter Zunge gesprochen« sind Zschorschs Gedichte. Innerhalb des Rahmens der lyrisch verwandelten Benjaminschen Vignette findet sich aber eine gegenläufige Tendenz; hier wird einer der nächsten Aphorismen der »Einbahnstraße« aufgenommen, der von der literarischen Kultur Chinas und den Tugenden des peinlich genauen Abschreibens handelt.

Und plötzlich sind wir nicht mehr in der Stadt, sondern auf der »Landstraße«: »Nur wer die Landstraße geht / erfährt von ihrer Herrschaft.« In dem Dialog, der der Sammlung »Stadthunde« vorangestellt ist, war eine Wegrichtung vorgegeben: »Fuchs: Wir müssen uns verändern. Vom Land weg in die Stadt. / Wolf: Da sind die Hunde.« Ein verwandtes, aber doch grundverschiedenes Geschlecht lebt in den Städten, vom Land weiß es nichts mehr. Aber Zschorsch, der Dichter der Stadt, hatte ja mit der liedhaften Klage über das Land begonnen, und die Stadt konnte ihm nur deshalb zum Gegenstand werden, weil er ihren Gegensatz, das Land, nicht vergessen hatte: »Kenn ein Land, wo die Blumen aus Glas, / wo die Bäume versteinert sind. / Wo nur dornig wächst das Gras, / wo feurig bläst der Wind.« Er begann mit dem Land, er ging in die Stadt – erstmals in dem Band »Klappmesser« mit einer alles andere ausschließenden Konzentration –, und er hat in seinen jüngsten Gedich-

ten, hier unter dem Titel »Eizahn« gesammelt, den Rückweg ins Land angetreten, in die Weiten des Ostens, die in einem Sinne »Land« sind, offener Raum, der in der Bundesrepublik kaum noch existiert. In den vergangenen Jahren ist Gerald Zschorsch immer wieder in jene Gegenden gereist, die früher den Osten Deutschlands bildeten. Im heute polnischen Gebiet hat er seine Bilder festgehalten, nicht mit dem Ressentiment des Zurückfordernden, aber auch nicht mit der Geschichtsvergessenheit, mit der die reiche Bundesrepublik für ihren Reichtum wohl bezahlt hat. Nur so, metapolitisch, kann man heute über den Osten schreiben. Und so kehrt auch die Frage wieder, die Rudi Dutschke dem jungen Dichter Gerald Zschorsch gestellt hatte, der aus der DDR in die Bundesrepublik gekommen war, eine Frage, die wie der Blankvers eines Historiendramas klingt: »Von Staat zu Staat. Heißt das von Land zu Land in unserem Falle?« Fügen wir noch hinzu, daß das Bild der Stadt in den neueren Gedichten auch an die Pornokratie erinnert, die Alfred Kubin in seinem Roman »Die andere Seite« in der Traumstadt Perle erkannt hatte.
Und die Sprache? Zschorsch ist ein Dichter der Bestimmtheit. Er beschreibt einen kurzen Blick, er definiert eine Funktion, er setzt Bedeutungen, er weicht nicht aus. Deshalb klingen seine Reime manchmal, als werfe einer die Tür zu. Die Gefühle verdichten sich, um dann wieder, in den längeren Zeilen, ganz im Gefühl und in der Berührung, deren Bild der Reim ist, auszuschwingen.
Wenn die Farben und das Land zusammentreffen, entstehen Fahnen: »Ich habe noch so viel zu sagen // nur ein Wort reicht nicht / aus / für die Zeilen einer einzigen Sekunde. / Nicht für das Gold / zwischen schwarz und rot.« Und wenn die Kinder – und wie viele Kinder gibt es in Zschorschs Gedichten! – erwachsen werden, dann geben sie sich private Heraldiken, dann werden sie, wie der »Eiserne Felix«, zu Zeichen ihrer selbst, mit sprechendem Namen und demon-

strativen Gesten. Zeichengeben und Zeichendeuten sind die Pole von Zschorschs Werk, seine Freundschaften sowohl mit Dutschke wie mit Ernst Jünger messen genau diesen Abstand aus. In seinen frühen Prosastücken hatte er das Symbolinventar der DDR-Jugend beschrieben – Jeans, Abzeichen, Frisuren. Stilstudien, die im »Eisernen Felix« wiederkehren, wenn der Auftritt Ezra Pounds in dem Gedicht »Venedig« als der eines von Zeichen Besessenen beschrieben wird, der nun, nach langer Internierung im Irrenhaus, das Glück seiner früheren Jahre wiederfindet: »Schiffshafen. / Mit vorgestrecktem / rechtem Arm; / den Leibriemen in Schlaufen. / Steht auf Deck / einer / und strahlt Sonnen / entgegen.« Die weibliche Version findet man in dem zauberhaft zwischen Natur und Kultur spielenden Gedicht »Viale delle Magnolie«: »Ein nach oben gerutschter Rocksaum / gibt die breite Spitze / an der Oberkante / des Strumpfes preis. / Die Pose glückt.« Bewegung der Zeichen zwischen härtestem Appell und modischem Ensemble – das ist, wenn man sich die Sache einmal anschaulich machen will, die Geschichte der letzten fünfzig Jahre. Gerald Zschorsch ist der Dichter dieser Bewegung.

Copyrightangaben

Register

Abschaum 233
Abteilung 293
ach birke du stehst da am weg 14
Acht Finger 185
Akademie 242
Alle sind weg 50
Alles ist mit Kind unternäht 427
Als damals alle gingen 33
Am Brunnenrand ein Messer 308
Amateure leben aus freien Stücken 174
An Bühnen scheinen Menschen verzückt 305
An einem Seil aus knapper Höhe 413
An Fäden aufgehängt 107
Anatomie 249
Anna. Eine Absicht 76
Antrieb 302
Appendix 326
Arbeite mit mir 138
Ärmel die Arme die Hände entlang 177
Artist 267
Asche zu Asche 102
Auf dem Klavier 47
Auf dem Platz er 269
Auf den ersten Blick seitenverkehrt 105
Auf den Hund gekommen 386
Auf den Klippen 406
auf den plätzen, auf den straßen 16
Auf den Spiegel aus dem Sinn 97
Auf der Hut 404
Auf der Wiese eine Plane 296
Auferstanden aus Ruinen 140
Auge Nase Mund 395
Augenmaß für Verwirrung 250
Augenreim 136
Augenschein 301
aus diesen vielen kleinen Biermanns und Kunzes 35
Aus dieser Welt fällt 68

Ausflug 290
Ausläufer. Regionen enden am Saum 290
Ballade vom Abschied 19
Ballistik 235
Bambusrohr Schirm oder das Gleichgewicht 108
Banden 282
Basis 327
Begehe keine Fehler 238
beginn des prozesses gegen frau k 17
Bei Kurzschluß gehn die Lichter aus 173
Beim ersten klaren Wort 120
Beim Überschreiten von Grenzen 39
Beine 165
Berge steigen in der Stadt und dann 240
Berlin 63
Berühre nicht die Ufer 428
Beschämt, als Krankengut tituliert 216
Besitz 313
Betrug 211
Betta Splendens 389
Bild einer Frau 79
Bildende Kunst Leben 267
Bin allein. Bin deshalb mehr 323
Bin groß geworden in Nöten 307
Blasen ist modern 264
Blauöl 401
Blond Blauäugig 408
Blue Sunday 72
Blume schimmelt 206
Blutblaue Halle 281
Bomben damit gezündet 257
Bonnis Ranch 58
Breitbeinig: und Einbeinige Sprünge 258
Bremser auf überlangen Zügen 243
Bretonischer Hase 296
Brief 75
Briefe schreiben; Briefe lesen 294
Brigadefeier 205
Bring. Fürwörter für 326

Carlos Saura 62
Charakter 203
Container 126
Czerwonka 417
dann fallen ins geteilte Land 7
Das Augensymbol 312
Das Auto fuhr gemächlich 49
Das Checken der Frauen im Westen 121
Das Gedicht, ein Dialog 101
Das Gelächter war der Schlag vor den Kopf 115
Das Geld hat Hände 152
Das Geräusch 344
Das Herz hat Kammern 392
Das Herz 392
Das Hospital ist unterkellert 188
Das Kinderzeichen für die Liebe: 396
Das Kindesalter wird immer mehr 259
Das letzte Spiel; der letzte Wurf 432
Das Licht in dem Zimmer 179
Das Schöne gibt es 375
Das Tor wirft einen hohen Bogen 160
Das Versprechen 43
Das Zögern 170
Daß Du mich nichts angehst 75
Dein Tod ist meiner 112
Den Augenstern zersprengt 398
Den Balken im eigenen Auge 109
Den Trampelpfad entlang 234
Denken im Rohzustand 315
Denkkehre 279
Der Absatz steckt im Gitter fest 162
Der Angestellte in der Blindenhörbücherei 102
Der Aufenthalt unter den Brücken ist verboten 53
Der Bauer von Paris 129
Der blaue Schirm 94
Der Blick ist verstellt 430
Der deutsche Frühling 25
Der doppelte Punkt 55
Der dumpfe Druck der Quetschung 222

der erste tag im mai 16
Der Flieger 132
Der Flur hat Türen bis zur Erde 96
Der Gaswagen 48
Der Glöckner von Notre Dame 54
Der gutangezogene Held mit dem Handkoffer 427
Der Handgriff/eine Phantasie 97
Der Herbst ist blind 136
Der Kontakt 121
Der Kranz verbrennt mit dem Sieg 335
Der Kuß 405
Der lahme Händler 114
Der letzte, der geht, knipst das Licht aus 50
Der Mann steckt sein Geschlecht 175
Der Morgen. Heute vor fünf Jahren 58
Der Mund hat Ränder 167
Der Nackenschlag 49
Der Prinz von Montenevoso 363
Der rote Fleck im Bett ist kein Beweis 83
Der Schacht führt zum Tunnel 158
Der Schlittschuhläufer / Havellied 98
Der Schuß 430
Der Seiltänzer 108
Der Spiegel im Blick meiner Augen 105
Der Spiegel in der Umkleidekabine 118
Der Spielmann 433
Der Sprachdenker verliert 225
Der Stammellaut: Schönheit des Menschen 313
Der Tod von Schönheit: Mensch, Bild, Musik 391
Der Typ des Dichters als Subjekt 281
Der Vater war Dada 129
Der verworfene Mund mit seinen Schatten 424
Der wird es schwer haben 46
Der Zug. Der Schlafwagen 128
Deutsche Farbe 309
Dezibel 133
Diamant 412
Die alten Männer mit den krummen Rücken 275
Die Ampel hat drei Augen 151

Die Anstalt 96
Die Apokalypse an Eides statt 127
Die Augen der schwachen, nervösen Menschen 270
die birke 14
Die Blässe 391
Die Deckel auf 157
Die deutsche Reaktion 23
Die Ebene der Zeichen 191
Die Erde braucht Blut und Horn 393
Die Farbe ist 400
Die Faxen dick 169
Die Flecken der Seele 134
Die Freude 163
Die Generation Flakhelfer 275
Die Grenze 422
Die Hauptwache schwimmt 154
Die Hörschnecke fädelt den Wortschwall 320
Die Hundeblume 18
Die Kettenburg 356
Die Krähen 336
Die Lehre vom Flug: das Geschoß 235
Die Mauer fällt um / adn, dpa, upi, reuter 51
Die Parks sind sächlich 184
Die Reaktion am Ruder 23
Die Relativität der Schönheit 80
Die Seele schon immer gespalten 289
Die Stadt 189
Die Städte 91
Die Tasche. Eine Absicht 119
Die Tropen die Tropen 159
Die Wahrheit ist konkret 95
Die wandernde Hand 401
Die Wanderung der Zeit 116
Die Wärme der Kleidung; die Kälte der Welt 265
Die Wendel bringt und nimmt 187
Die Wohnungen waren in den feineren Vierteln 141
Die Worte bleiben 171
Die, die wir wissen 29
Dies Deutschland ist ein Land 36

Dies Deutschland ist ein 36
Dieses Land 31
Dinggedicht 247
Dir einen Kuß. Und am Ende 89
Domino 131
Dominos Schlaf 303
Draußen vor der Tür 77
Dreierskizze 215
Du bist das Zuckerstück 407
Du bist nach unten offen 113
Du mußt nicht lesen 70
Du sagst daß 28
Du wirst eingehen in keine Geschichte 69
du, mein freund, laß uns nicht schweigen 18
Dziewczynka 420
Edel 214
Egon Schiele malt Hanne 81
Eiland 363
Ein deutscher Dichter, dem Realismus verpflichtet 242
Ein dünner Grat 213
Ein Gedicht ist ein Abendessen 263
Ein Herbst scheint. Wie noch nie 425
Ein Reiz ist verloren gegangen 302
Ein Schwarz; ein Weiß 244
Ein System ist kaputt 386
Eine Domäne der Fallensteller ist der Blindensturz 219
Eine Erfindung meiner Feinde ist die Schönheit aus Irrtum 231
Eine höhere Tochter im Dschungel Inzucht 249
Einen auf die Zwölf 186
Einen Sinn für Beton 126
Einer wird gewinnen 94
Einsicht 176
Elegie 300
Ende des Jahres beginnt ein Neues 321
Ende 434
Endler 46
Endlich einmal zu 54
Engel erscheinen, um zu verschwinden 300
Engelszunge 320

Ensemble 239
Entlassung 279
Er kam aus: hinter der Mauer 237
Er sagte zu mir – Emigrant – 31
Er spielt mit all diesen Toilettengeräten 304
Er war Kritiker von hohem Range 252
Er: An die Tasche. Denk an die Tasche 119
Er: gibt es Licht 104
Erfinde Kosenamen für Kinder 260
Erinnern 317, 431
Erlen, Weiden und Lärchen 418
Ermland nah, Grenzland 416
Erst stehen sie auf 194
Erste Hilfe 183
es brennt der heiße bruderkuß 15
Es drischt der Stock 182
Es hantiert sich schlecht 319
Es ist eine Stille in dieser Zeit– 37
Es ist Nacht. Und Nacht wird es bleiben 383
Es kommen diffuse Wochen auf uns zu 212
Es schreiten Himmel 261
Es war einmal 331
Es war Krieg 336
Es waren zwei Deutsche Kinder 180
Eulenspiegel 30
Eva Braun 130
Exil 2 33
Expression 9
Fallada, wie du hangest überm Tor 220
Faltpapier 223
Farbiger Staub 390
Farbiger Staub, farbiges Land 390
Fenster werden kleiner 65
Feuer diktiert auf dem Lande die Nacht 274
Figur 220
Fips 402
Fläming 410
Flamme 292
Flecken erwachsen aus Rändern 251

Fliegflasche 135
Flitterjacke Hosen aus Leder 67
Fluchten 317
Flut 319
Fonds 288
Forderungspapier 285
Frage 28
Fragemänner. Geschickt geschickte Wegleimer 246
Freigatter 291
friede doch den hütten / krieg den palästen 21
Fuchs: Wir müssen uns verändern 149
Für Kurzweil sorgt der Blick 236
Gattung 204
Gedicht 276
Geflimmerter Gelbfilter 283
Gegen Rom 128
Gegenläufiges Gedicht 393
Gegenrede 245
Geh gegen Abend 403
gehst du einmal spazieren 21
Geht die Nacht; kommt der Tag 429
Gelbes Blau rotes Blau 434
Geralds Traum 68
Gerissenes Wild. Im Firn 291
Geschickt, mit Absicht versehen 271
Gesetz 222
Gesetzt als zweimalige Begrenzung 55
Gesucht wird der Mann 195
Glücklich ist wer vergißt 280
Grabbe 223
Grenzpuppe 421
Grenzübertritt 27
Habe mir heute, Mittwoch 288
Halbnackt 306
Haltung 297
Händel 202
Hanne male mu 81
Haut 134
Hävelmanns Himmelfahrt 64

Hefe 304
Heim und nebenan Heimat 241
Heller und Pfennig 59
Herz am Arsch 204
Heute morgen hatte ich einen Traum 178
Hilde Benjamin 408
Himmel und Hölle 258
Himmelskörper 423
Hinauf Hinaus Hinüber 318
Hineingestampft liegen wir 13
Hinter der Erinnerung 38
Hinterlanderinnerung 45
Hoch Zeit, Hochstand 224
Hohn muß sein 200
Holzspielzeug 289
Hommage 252
Hör mal, ich bin keine Ausstellung 111
Hundemüde 12
Hunger treibt zu Gedichten 426
Hunger 383
Hygiene 318
Hymne 140
Ich bin der leise, der nichtschreiende 30
Ich bin der Mitbewohner 56
Ich bin. Ich war. Ich werde sein 95
Ich erinnere mich, trinke und höre André Heller 59
Ich ging im deutschen Winter 27
Ich hab noch so viel zu sagen 52
Ich habe dich geküßt 405
Ich habe genossen 262
Ich habe ihn nicht gekannt 202
Ich hasse dieses ständige Verneuern 325
Ich hatte mir nichts dabei gedacht 70
Ich komme in eine Stadt 44
Ich lese es im Stern und weiß 71
ich lese fünf Tageszeitungen 74
Ich liebe Dich. Ich töte Dich 82
Ich steh und lauf und schau 76
Im Angesicht 379

Im Herzen Thüringens 356
Im Innern des Wals 104
Im Kindsbett die Finger 63
Im Mai 403
Im Osthafen 161
Im Preis liegt scheinbar 193
Im Werden ist Werten 327
Imperativ 260
In den Haaren Bänder 421
In den Straßen laufen. Stumme Tiere 90
In den Straßen 90
In der Gondel 432
In Prag bist du geboren 38
Ingrimm 286
Irrläufer 115
Ist erlaubt 100
Jeder Satz Fläche 199
Jonas 73
Jugend 11
Jünger 287
Kachel: dieses Quadrat 309
Kaffee Melange 118
Kain und Abel 106
Kampf 324
Kanon 272
Katzenjammer 234
Kaum in die Augen 205
Keil oder eine Absicht gestern 113
Kenn ein Land, wo die Blumen aus Glas 9
Kinder werden verschickt 226
Kinderherz 429
Kindermund 307
Kindernovelle 228
Kinderzeit 138
Kinski spricht 61
Kitsch 231
Klappmesser 89
Klassiker 273
Kleine Erinnerung 29

Klimax 321
Knall. Die Ohren fliegen weg 133
Koche in Kesseln auf Feuern Ochsen 276
Komm übers Eis 387
Komm 399
Kompotte 225
Konfliktkommission 246
Kontrolle 250
Koppel 298
Korn und Kimme 311
Korridor 111
Kossiner Engel 413
Krieger sind getroffen 293
Kugel aus dem Lauf 93
Kunert, Dichter 45
Kurland 415
Lampenschirme 130
Lauern. Im Sprung verharren 247
Laufgraben 241
Leben wächst von Freude zu Trauer zurück 298
Lebensraum 207
Lederkaspar bläst Locken aus Stirn 388
Leere Hände 13
Lege deinen Kopf auf die Seite 303
Leichtes Geschoß unterm Tritt 135
Leiharbeit 236
Leise und langsam zerfallen Stimmen 57
Lesart 394
Letzten Monat war der Regen 172
Liebe vergeht; Erziehung bleibt 324
Lieber Freund 74
Liege unterhalb Schwarz 299
Liga 251
Lippen ausgestellt; die Beine 394
Mäander 217
Mach deine Finger golden 406
Magie ist eine Illusion 218
Majakowski 93
Man kann nicht über alles reden 221

Marie ist ein Luder 73
Mauerinschriften 32
Mauerinschriften, die ihr 32
Mauern schleifen. Im freien Spiel der Kräfte 266
Maulhure 213
Maul-Hure 331
Mechanik einer toten Gesellschaft 85
Mein Sohn war nicht in der Marine 72
Meine Seite eins 137
Menschenknie Weichselknie 414
Messer schneidet Auge 164
Messerspiele 125
Messidor 57
Mikado 261
Mimikry 271
Mir träumte ich ginge durch Deutschland 34
Mit dem Messer die Telefonleitung kappen 122
Mit harter Zunge gesprochen 322
Mittag 397
Modell Indianer 280
Montag 66
Mord 262
Morgen ist ein anderer Tag 65
Moskau – Paris 417
Musik 268
Nach dem Versprechen 43
Nach einem Jahr bemerkte ich eine Unruhe in mir 116
Nachtbild. Über Frankfurt 103
Nachtmahl 209
Naturalistische Personen vom Schlag eines Reich 273
Neben der Straße 156
Niedrige Autos 412
Noch sitzt Stein auf Stein 190
Notaufnahmeverfahren 237
notiz in einer berliner tageszeitung! (ddr) 17
Notiz 311
Notwehr 92
November 425
nur ein Wort reicht nicht 52

Nur wenn wir Umwege einschlagen 287
Oben und unten 399
Ochsenblutrotes Licht 103
Offenbarungseid 127
Oh. Schmutz trifft sich 282
Ohne Abschied 66
Parabellum 08 395
Pasolini fährt nach Ostia 109
Paternoster 227
Personen mit niedrigem Einkommen bevorzugen 239
Physikalisches Gedicht 216
Piraten auf Schubbooten 201
Praktisch bildbar 285
Puppenspieler 107
Rabatte 229
Räderwerk 85
Ramsch 253
Rangfolge 238
Realität ist komplizierter als Theorie 203
Reden und sprechen: 385
Reiner Schwindel die Serie 229
Reinigung 284
Reise nach Zürich 44
Requiem für G. 56
Rheingold. Ein Film 82
Ritual 224
Rollendes Rad 335
Rollers 84
Rot ist mir zu rot 99
Rot 299
Rotblau 99
Rotblonde Haare 419
Sabotage 221
Sandra schlaf. Halt mich fest 80
Schall ist Naturgeräusch 268
Schaltuhr 257
Schänder 398
Schanze 206
Schauspieler im Darsteller 214

Schermulys Bilder 310
Schiffshafen 368
Schlachten 112
Schlafdumm; ein Zustand von Ruhe 389
Schlaflied 137
Schnittmuster 265
Schön weich, die Linie mit der Kurve vom Rücken 306
Schonung 316
Schritt zuviel 284
Schuhe ausgezogen. Mit der Hüfte die Jeans 79
Schwarzweiß 100
See der Kindheit Kossin 410
Sehr lange Beine 301
Sehtest 219
Selber 328
Selbernacht 388
Selbst 269
Selbst 315
Selbstkritik 244
Selbstkritik 322
Semikolon 243
Seresta. Ein Film 141
Sich selber fremd 10
Sich winden sich schlängeln 217
Sie betreten die Hölle 432
Sie glauben an die Welt 404
sie hasten und rennen 11
Sie knabbern so gerne 420
Sie sind so still; fast gleichen sie der Ruhe 310
Sie standen und schrieen 51
Sie:Ich gehe. Wann bist Du wieder da 120
Simon Wiesenthal, der Nazijäger 48
Spätsommer 424
Spiel mir, oh Spielemann 433
Spiel. In einer Gesellschaft von null bis sechs Augen 131
Spielzeug 407
Sprachdisziplin 270
Sprache; einzige Lüge, die nicht funktioniert 314
Sprechen Schreiben Schweigen eine Treppe 215

Sprechender Titel 314
Spuck nicht auf die, die dich lieben 122
Spucke zwischen die Beine 211
Staffage 232
Stare Miasto 414
Stehe und fliehe und bleibe 328
Stehend schreiben 139
Steine, Kiefern und Auen 415
Stern 67
Sterne 409
Sterne sind Seelen 409
Steve hatte eine blaue Latzhose an 78
Steve 78
Stilleben, arabesk 308
Stöckchen und Steinchen haben einen Zwist 228
Stoisch 266
Strafmaß 208
Straßenzüge, leer und ohne Namen 10
Strumpfhosen 232
Sturmtruppen I 199
Sturmtruppen II 200
Stützel bis hoch zur Scham 84
Tage voll Zirkus 292
Tauch unter der Welle durch 428
TipAids 264
Totem 123
Tötungen 123
Traumreise 34
Treten sie bitte heraus 98
Triebwagen 155
Trommelfeuer 201
Über der Pfütze 166
Über ihnen ist Himmel 91
Übergang 240
Übersetzer aus dem Deutschen ins Deutsche der Sprache 256
Um die Ecke biegen 106
Um dies alles 387
Umsturz 283
Und die eine sprach ins Gegenüber 209

Und die Hand tauchte hinab zum Schoß 397
Unter den Brücken 53
Venedig 368
Ver,werden 226
Verlobtes Deutsch 305
Viale delle Magnolie 375
Video 259
Vier B. 274
vier zeilen zur nationalen frage 15
Vierundzwanzig Gleise 168
Vilimy 418
Villon Rimbaud und Brecht 61
Violeta 419
Vogelfrau 83
Volkstümliches, althochdeutsches Wort deutsch 245
Vollmond oder kurz davor 423
Von Basel nach Westerland 344
Vor 23 Jahren, im roten Ost-Berlin 25
Vor fünf Jahren habe ich das erste Mal Coca Cola getrunken 64
Vorfeld 248
Vorschau 212
Vorwärts. Zwei Schläge 92
Vorwinter 426
Waldgang 325
Wann kommst du denn 402
Warmia 416
Warten auf den Frieden 37
Was fehlt Ihnen 233
Was wird bloß aus uns werden 35
Wegen 139
Weihnachten 114
Weiße Schlüpfer 400
Wenn die erste Generation Nadelhölzer 316
Wenn die Form platzt, geht der Inhalt flöten 207
Wenn Mama zu ihrem hundertsten Geburtstag 62
wer hat uns denn geboren 19
Wer Kleidung trägt 192
Wer klein ist, muß sterben 227
Wer Räusche sucht, der rodet 297

Wer schön sein will muß leiden 379
Wer, manchmal, kann nicht auch 47
Wessen Sprache du sprichst 210
Wetterleuchten 295
Wind in der Luft 295
Wind ist schnelle Luft 230
Windkanal 210
Winter 294
Wir haben nun das Jahr 1972 12
Wirtschaft 263
Wissenschaft 218
Wittgensteins Fehler 385
Wo die Stadt sich teilt 153
Zeichnung 396
Zeugnis 323
Zinnen 230
Zorn 312
Zum Völkerball gehören zwei Parteien 181
Zuviel Kleingeld 272
Zwanzigstes Semester 69
Zwei Gehirne, die Leben lieben 248
Zwei Gründe 132
Zwei Personen sind juristisch eine Gruppe 208
Zwei Tiere 286
Zweidrittel 101
Zweiundzwei ist vier 77
Zwischen den Fingern die Stiche 125
Zwischen Tür und Angel 422
22.45 Renaldo & Clara 71

Inhalt

I Glaubt bloß nicht daß ich traurig bin (1977) 7
Expression 9
Sich selber fremd 10
Jugend 11
Hundemüde 12
Leere Hände 13
die birke 14
vier zeilen zur nationalen frage 15
der erste tag im mai 16
notiz in einer berliner tageszeitung! (ddr) 17
Die Hundeblume 18
Ballade vom Abschied 19
friede doch den hütten / krieg den palästen 21
Die deutsche Reaktion 23
Der deutsche Frühling 25
Grenzübertritt 27
Frage 28
Kleine Erinnerung 29
Eulenspiegel 30
Dieses Land 31
Mauerinschriften 32
Exil 2 33
Traumreise 34
Was wird bloß aus uns werden 35
Dies Deutschland ist ein Land 36
Warten auf den Frieden 37
Hinter der Erinnerung 38
Beim Überschreiten von Grenzen 39

II Der Duft der anderen Haut (1982) 41
Das Versprechen 43
Reise nach Zürich 44
Hinterlanderinnerung 45
Endler 46
Auf dem Klavier 47
Der Gaswagen 48

Der Nackenschlag 49
Der letzte, der geht, knipst das Licht aus 50
Die Mauer fällt um / adn, dpa, upi, reuter 51
Ich hab noch so viel zu sagen 52
Der Aufenthalt unter den Brücken ist verboten 53
Der Glöckner von Notre Dame 54
Der doppelte Punkt 55
Requiem für G. 56
Messidor 57
Bonnis Ranch 58
Heller und Pfennig 59
Kinski spricht 61
Carlos Saura 62
Berlin 63
Hävelmanns Himmelfahrt 64
Morgen ist ein anderer Tag 65
Ohne Abschied 66
Stern 67
Geralds Traum 68
Zwanzigstes Semester 69
Du mußt nicht lesen 70
22.45 Renaldo & Clara 71
Blue Sunday 73
Jonas 73
Lieber Freund 74
Brief 75
Anna. Eine Absicht 76
Draußen vor der Tür 77
Steve 78
Bild einer Frau 79
Die Relativität der Schönheit 80
Egon Schiele malt Hanne 81
Rheingold. Ein Film 82
Vogelfrau 83
Rollers 84
Mechanik einer toten Gesellschaft 85

III Klappmesser (1983) 87
Klappmesser 89
In den Straßen 90
Die Städte 91
Notwehr 92
Majakowski 93
Der blaue Schirm 94
Die Wahrheit ist konkret 95
Die Anstalt 96
Der Handgriff/eine Phantasie 97
Der Schlittschuhläufer / Havellied 98
Rotblau 99
Schwarzweiß 100
Zweidrittel 101
Asche zu Asche 102
Nachtbild. Über Frankfurt 103
Im Innern des Wals 104
Der Spiegel im Blick meiner Augen 105
Kain und Abel 106
Puppenspieler 107
Der Seiltänzer 108
Pasolini fährt nach Ostia 109
Korridor 111
Schlachten 112
Keil oder eine Absicht gestern 113
Weihnachten 114
Irrläufer 115
Die Wanderung der Zeit 116
Kaffee Melange 118
Die Tasche. Eine Absicht 119
Beim ersten klaren Wort 120
Der Kontakt 121
Spuck nicht auf die, die dich lieben 122
Tötungen 123
Messerspiele 125
Container 126
Offenbarungseid 127
Gegen Rom 128

Der Bauer von Paris 129
Eva Braun 130
Domino 131
Der Flieger 132
Dezibel 133
Haut 134
Fliegflasche 135
Augenreim 136
Schlaflied 137
Kinderzeit 138
Stehend schreiben 139
Hymne 140
Seresta. Ein Film 141

IV Stadthunde (1986) 149

V Strumtruppen (1987) 197
Sturmtruppen I 199
Sturmtruppen II 200
Trommelfeuer 201
Händel 202
Charakter 203
Gattung 204
Brigadefeier 205
Schanze 206
Lebensraum 207
Strafmaß 208
Nachtmahl 209
Windkanal 210
Betrug 211
Vorschau 212
Maulhure 213
Edel 214
Dreierskizze 215
Physikalisches Gedicht 216
Mäander 217
Wissenschaft 218
Sehtest 219

Figur 220
Sabotage 221
Gesetz 222
Faltpapier 223
Ritual 224
Kompotte 225
Ver,werden 226
Paternoster 227
Kindernovelle 228
Rabatte 229
Zinnen 230
Kitsch 231
Staffage 232
Abschaum 233
Katzenjammer 234
Ballistik 235
Leiharbeit 236
Notaufnahmeverfahren 237
Rangfolge 238
Ensemble 239
Übergang 240
Laufgraben 241
Akademie 243
Semikolon 243
Selbstkritik 244
Gegenrede 245
Konfliktkommission 247
Dinggedicht 247
Vorfeld 248
Anatomie 249
Kontrolle 250
Liga 251
Hommage 252
Ramsch 253

VI Gambit (1987) 255
Schaltuhr 257
Himmel und Hölle 258

Video 259
Imperativ 260
Mikado 261
Mord 262
Wirtschaft 263
TipAids 264
Schnittmuster 265
Stoisch 266
Artist 267
Musik 268
Selbst 269
Sprachdisziplin 270
Mimikry 271
Kanon 272
Klassiker 273
Vier B. 274
Die Generation Flakhelfer 275
Gedicht 276

VII Spitznasen (1990) 277
Denkkehre 279
Modell Indianer 280
Der Typ des Dichters als Subjekt 281
Banden 282
Umsturz 283
Reinigung 284
Forderungspapier 285
Ingrimm 286
Jünger 287
Fonds 288
Holzspielzeug 289
Ausflug 290
Freigatter 291
Flamme 292
Abteilung 293
Winter 294
Wetterleuchten 295
Bretonischer Hase 296

Haltung 297
Koppel 298
Rot 299
Elegie 300
Augenschein 301
Antrieb 302
Dominos Schlaf 303
Hefe 304
Verlobtes Deutsch 305
Halbnackt 306
Kindermund 307
Stilleben, arabesk 308
Deutsche Farbe 309
Schermulys Bilder 310
Notiz 311
Zorn 312
Besitz 313
Sprechender Titel 314
Selbst 315
Schonung 316
Fluchten 317
Hygiene 318
Flut 319
Engelszunge 322
Klimax 321
Selbstkritik 322
Zeugnis 323
Kampf 324
Waldgang 325
Appendix 326
Basis 327
Selber 328

VIII Maul-Hure (1994) 329
Maul-Hure 331

IX Eiserner Felix (1996) 333
Rollendes Rad 335
Die Krähen 336
Das Geräusch 344
Die Kettenburg 356
Der Prinz von Montenevoso 363
Venedig 368
Viale delle Magnolie 375
Im Angesicht 379

X Eizahn (2004) 381
Hunger 383
Wittgensteins Fehler 385
Auf den Hund gekommen 386
Um dies alles 387
Selbernacht 388
Betta Splendens 389
Farbiger Staub 390
Die Blässe 391
Das Herz 392
Gegenläufiges Gedicht 393
Lesart 394
Parabellum 08 395
Zeichnung 396
Mittag 397
Schänder 398
Oben und unten 399
Weiße Schlüpfer 400
Blauöl 401
Fips 402
Im Mai 403
Auf der Hut 404
Der Kuß 405
Auf den Klippen 406
Spielzeug 407
Hilde Benjamin 408
Sterne 409
Fläming 410

Diamant 412
Kossiner Engel 413
Stare Miasto 414
Kurland 415
Warmia 416
Czerwonka 417
Vilimy 418
Violeta 419
Dziewczynka 420
Grenzpuppe 421
Die Grenze 422
Himmelskörper 423
Spätsommer 424
November 425
Vorwinter 426
Alles ist mit Kind unternäht 427
Berühre nicht die Ufer 428
Kinderherz 429
Der Schuß 430
Erinnern 431
In der Gondel 432
Der Spielmann 433
Ende 434

Nachwort 435
Copyrightangaben 444
Register 445

Deutschsprachige Gegenwartsliteratur im Suhrkamp Verlag
Eine Auswahl

Ulla Berkéwicz
- Adam. Broschur und st 1664. 180 Seiten
- Engel sind schwarz und weiß. Roman. Leinen und st 2296. 352 Seiten
- Ich weiß, daß du weißt. Roman. Gebunden und st 3250. 264 Seiten
- Josef stirbt. Erzählung. Broschur und st 1125. 115 Seiten
- Maria Maria. Drei Erzählungen. Broschur und st 1809. 90 Seiten
- Michel, sag ich. Broschur und st 1530. 109 Seiten
- Mordad. Leinen und st 2710. 118 Seiten
- Nur Wir. Ein Schauspiel. 77 Seiten. Englische Broschur
- Zimzum. Leinen und st 2947. 122 Seiten

Marica Bodrožić
- Tito ist tot. Erzählungen. 160 Seiten. Gebunden

Paul Brodowsky
- Milch Holz Katzen. es 2267. 72 Seiten

Esther Dischereit
- Joëmis Tisch. Eine jüdische Geschichte. es 1492. 122 Seiten
- Merryn. 118 Seiten. Gebunden
- Übungen, jüdisch zu sein. Aufsätze. es 2067. 150 Seiten

Dirk Dobbrow
- Der Mann der Polizistin. Roman. es 2237. 224 Seiten

NF 229/1/5.04

Kurt Drawert
- Alles ist einfach. Stück in sieben Szenen. es 1951. 116 Seiten
- Frühjahrskollektion. Gedichte. 96 Seiten. Gebunden
- Haus ohne Menschen. Zeitmitschriften. es 1831. 120 Seiten
- Privateigentum. Gedichte. es 1584. 138 Seiten
- Rückseiten der Herrlichkeit. Texte und Kontexte. es 2211. 256 Seiten
- Spiegelland. Ein deutscher Monolog. es 1715. 157 Seiten
- Steinzeit. es 2151. 160 Seiten
- Wo es war. Gedichte. 122 Seiten. Gebunden

Oswald Egger
- Herde der Rede. Poem. es 2109. 380 Seiten
- Nichts, das ist. Gedichte. es 2269. 160 Seiten

Robert Fischer
- Römische Abschweifungen. Erzählung. st 3030. 102 Seiten
- Sex kills. Eine griechische Affäre. Roman. st 3268. 140 Seiten

Werner Fritsch
- Cherubim. 254 Seiten. Gebunden
- Fleischwolf. Gefecht. es 1650. 112 Seiten
- Jenseits. Erzählung. 72 Seiten. Klappenbroschur
- Nico. Sphinx aus Eis. Monolog. 48 Seiten. Büttenbroschur
- Stechapfel. Legende. 102 Seiten. Gebunden
- Steinbruch. es 1554. 53 Seiten

Rainald Goetz
- Abfall für alle. Roman eines Jahres. 864 Seiten. Broschur. st 3542. 864 Seiten
- Celebration. Texte und Bilder zur Nacht. es 2118. 286 Seiten. st 3598. 285 Seiten
- Dekonspiratione. Erzählung. 208 Seiten. Gebunden. st 3377. 208 Seiten
- Hirn. Schrift. st 3491. 196 Seiten

NF 229/2/5.04

- Heute Morgen. Fünf Bände in Kassette. st 3599. 1789 Seiten
- Irre. Roman. Mit Abbildungen. st 1224. 331 Seiten
- Kontrolliert. Leinen und st 1836. 281 Seiten
  Kronos. Berichte. st 3458. 404 Seiten
- 1989. Material 1-3. Drei Bände. st 3570. 1599 Seiten
- Rave. Erzählung. Leinen und st 3237. 271 Seiten

Dieter M. Gräf
- Rauschstudie. Vater + Sohn. Gedichte. es 1888. 86 Seiten
- Treibender Kopf. Gedichte. 79 Seiten. Gebunden
- Westrand. Gedichte. 160 Seiten. Gebunden

Durs Grünbein
- Erklärte Nacht. Gedichte. 152 Seiten. Gebunden
- Das erste Jahr. Berliner Aufzeichnungen.
  320 Seiten. Gebunden. st 3513. 328 Seiten
- Falten und Fallen. Gedichte. 124 Seiten. Gebunden
- Galilei vermißt Dantes Hölle und bleibt an den Maßen hängen. Aufsätze 1989-1995. Mit drei Abbildungstafeln und fünf Vignetten. 269 Seiten. Gebunden
- Grauzone morgens. Gedichte. es 1507. 93 Seiten
- Nach den Satiren. Gedichte. 250 Seiten. Gebunden
- Schädelbasislektion. Gedichte. 154 Seiten. Gebunden
- Den Teuren Toten. 33 Epitaphe. 48 Seiten. Büttenbroschur
- Vom Schnee oder Descartes in Deutschland.
  144 Seiten. Gebunden
- Warum schriftlos leben? Aufsätze. es 2435. 122 Seiten

Norbert Gstrein
- Anderntags. Erzählung. es 1625. 116 Seiten
- Einer. Erzählung. es 1483 und es 2423. 118 Seiten
- Die englischen Jahre. Roman.
  Gebunden und st 3274. 392 Seiten

NF 229/3/5.04

- Die englischen Jahre 1-3. Die englischen Jahre. Selbstportrait mit einer Toten. Fakten, Fiktionen und Kitsch beim Schreiben über ein historisches Thema. Zwei Bände und ein Beiheft in Kassette. 540 Seiten
- Das Handwerk des Tötens. Roman. 384 Seiten. Leinen
- Der Kommerzialrat. Bericht. st 2718. 148 Seiten
- O2. Novelle. st 2476. 170 Seiten
- Das Register. Roman. Gebunden und st 2298. 300 Seiten
- Selbstportrait mit einer Toten. Roman. Klappenbroschur und st 3517. 112 Seiten.
- Wem gehört eine Geschichte? 60 Seiten. Bütten-Broschur

Katharina Hacker
- Der Bademeister. Roman. 210 Seiten. Gebunden
- Eine Art Liebe. Roman. 272 Seiten. Gebunden
- Morpheus oder Der Schnabelschuh. es 2092. 126 Seiten
- Tel Aviv. Eine Stadterzählung. es 2008. 145 Seiten

Joachim Helfer
- Cohn & König. Roman. Gebunden und st 3120. 232 Seiten
- Du Idiot Roman. st 2998. 268 Seiten
- Nicht Himmel, nicht Meer. Roman. 112 Seiten. Gebunden

Unda Hörner
- Flüchtige Männer. Erzählungen. st 3509. 144 Seiten
- Unter Nachbarn. Roman. st 3171. 201 Seiten

Johannes Jansen
- Halbschlaf. Tag Nacht Gedanken. es 2380. 85 Seiten
- heimat ... abgang ... mehr geht nicht. ansätze. mit zeichnungen von norman lindner. es 1932. 116 Seiten
- Reisswolf. Aufzeichnungen. es 1693. 67 Seiten
- Splittergraben. Aufzeichnungen II. Mit zahlreichen Abbildungen. es 1873. 116 Seiten
- Verfeinerung der Einzelheiten. Erzählung. es 2223. 112 Seiten

NF 229/4/5.04

Daniel Kehlmann
- Beerholms Vorstellung. Roman. 288 Seiten
- Der fernste Ort. Gebunden und st 3627. 152 Seiten
- Ich und Kaminski. Roman. 173 Seiten. Gebunden
- Mahlers Zeit. Roman. Gebunden und st 3238. 160 Seiten
- Unter der Sonne. Erzählungen. st 3130. 112 Seiten

Gerhard Kelling
- Beckersons Buch. Roman. 269 Seiten. Gebunden
- Jahreswechsel. Roman. 172 Seiten. Gebunden

Barbara Köhler
- Blue Box. Gedichte. 59 Seiten. Leinen
- Deutsches Roulette. Gedichte 1984-1989. es 1642. 85 Seiten
- Wittgensteins Nichte. vermischte schriften / mixed media. es 2153. 175 Seiten

Uwe Kolbe
- Abschiede. Und andere Liebesgedichte. es 1178. 82 Seiten
- Die Farben des Wassers. 80 Seiten. Gebunden
- Nicht wirklich platonisch. Gedichte. 98 Seiten. Gebunden

Angela Krauß
- Der Dienst. 46 Seiten. Kartoniert
- Kleine Landschaft. Erzählungen. 117 Seiten. Leinen
- Milliarden neuer Sterne. 51 Seiten. Klappenbroschur
- Sommer auf dem Eis. 104 Seiten. Gebunden
- Die Überfliegerin. Erzählung. st 3393. 124 Seiten
- Weggeküßt. 108 Seiten. Gebunden

Ute-Christine Krupp
- Alle reden davon. Roman. es 2235. 128 Seiten
- Greenwichprosa. es 2029. 102 Seiten

NF 229/5/5.04

Christian Lehnert
- Der Augen Aufgang. Gedichte. es 2101. 100 Seiten
- Der gefesselte Sänger. Gedichte. es 2028. 92 Seiten
- Ich werde sehen, schweigen, hören. es 2369. 100 Seiten

Jo Lendle
- Unter Mardern. es 2111. 100 Seiten

Andreas Maier
- Klausen. Roman. 200 Seiten. Gebunden. st 3569. 216 Seiten
- Wäldchestag. Roman. Gebunden und st 3381. 315 Seiten

Jagoda Marinić
- Eigentlich ein Heiratsantrag. Geschichten. Gebunden und st 3516. 128 Seiten

Thomas Meinecke
- The Church of John F. Kennedy. Roman. es 1997. 245 Seiten
- Hellblau. Roman. Gebunden und st 3508. 336 Seiten
- Holz. Erzählung. st 3013. 112 Seiten
- Mode & Verzweiflung. st 2821. 129 Seiten
- Musik. Roman. 372 Seiten. Gebunden
- Tomboy. Roman. Gebunden und st 3118. 251 Seiten

Bodo Morshäuser
- Die Berliner Simulation. Erzählung. 138 Seiten. Englische Broschur
- Blende. Erzählung. 161 Seiten. Broschur
- In seinen Armen das Kind. Roman. 366 Seiten. Gebunden. st 3543. 370 Seiten
- Hauptsache Deutsch. es 1626. 205 Seiten
- Liebeserklärung an eine häßliche Stadt. Berliner Gefühle. st 2933. 155 Seiten
- Nervöse Leser. Erzählung. 150 Seiten. Broschur
- Revolver. Vier Erzählungen. es 1465. 140 Seiten

NF 229/6/5.04

- Tod in New York City. Roman. 140 Seiten. Gebunden
- Warten auf den Führer. es 1879. 142 Seiten
- Der weiße Wannsee. Ein Rausch.
  Gebunden und st 2713. 192 Seiten

Sabine Neumann
- Das Mädchen Franz. Erzählung. st 3456. 176 Seiten
- Streit. Drei Erzählungen. st 3119. 140 Seiten

Andreas Neumeister
- Äpfel vom Baum im Kies. 261 Seiten. Gebunden
- Angela Davis löscht ihre Website. Listen, Refrains, Abbildungen. es 2310. 120 Seiten
- Ausdeutschen. Roman. 132 Seiten. Gebunden
- Gut laut. Roman. 132 Seiten. Gebunden
- Salz im Blut. 195 Seiten. Gebunden

José F. A. Oliver
- fernlautmetz. Gedichte. es 2212. 80 Seiten
- nachtrandspuren. Gedichte. es 2307. 128 Seiten

Albert Ostermaier
- Autokino. Gedichte. Mit CD. 112 Seiten. Gebunden
- fremdkörper hautnah. Gedichte. es 2032. 100 Seiten
- Heartcore. Gedichte. Mit CD. 110 Seiten. Gebunden
- Herz Vers Sagen. Gedichte. es 1950. 73 Seiten
- Letzter Aufruf. 99 Grad. Stücke und Materialien.
  es 3417. 150 Seiten
- SOLARPLEXUS. Gedichte. 144 Seiten. Gebunden
- VATERSPRACHE. es 2436. 60 Seiten

Doron Rabinovici
- Credo und Credit. Einmischungen. es 2216. 160 Seiten
- Ohnehin. Roman. 256 Seiten. Gebunden
- Papirnik. Stories. es 1889. 134 Seiten

NF 229/7/5.04